市场营销专业工作过程系统化课程系列教材

店面渠道管理

主　编　周　爽
副主编　刘　赟　梁颖云
　　　　魏　涛　苏兰君
参　编　章　勇

图书在版编目(CIP)数据

店面渠道管理/周爽主编. —北京：北京大学出版社，2014.7
（市场营销专业工作过程系统化课程系列教材）
ISBN 978-7-301-23664-2

Ⅰ.①店… Ⅱ.①周… Ⅲ.①商店-商业经营-高等职业教育-教材 Ⅳ.①F717

中国版本图书馆 CIP 数据核字(2013)第 318674 号

书　　　　名：	店面渠道管理
著作责任者：	周　爽　主编
责 任 编 辑：	李　玥(liyue102@vip.sina.com)
标 准 书 号：	ISBN 978-7-301-23664-2/F·3810
出 版 发 行：	北京大学出版社
地　　　　址：	北京市海淀区成府路 205 号　100871
网　　　　址：	http://www.pup.cn　新浪官方微博：@北京大学出版社
电 子 信 箱：	zyjy@pup.cn
电　　　　话：	邮购部 62752015　发行部 62750672　编辑部 62765126　出版部 62754962
印 　刷 　者：	北京大学印刷厂
经 　销 　者：	新华书店
	787 毫米×1092 毫米　16 开本　12.75 印张　280 千字
	2014 年 7 月第 1 版　2014 年 7 月第 1 次印刷
定　　　　价：	28.00 元

未经许可，不得以任何方式复制或抄袭本书之部分或全部内容。
版权所有，侵权必究
举报电话：010-62752024　电子信箱：fd@pup.pku.edu.cn

前　言

《店面渠道管理》是市场营销专业的一门核心技术教材。本书的总体设计思路除了延续店面非柜台销售基于工作过程系统化的原则外，更加着重从简单的综合到复杂的综合，以学生行动为导向，设计本书的教学活动。

本书在编排方面特别考虑了如何便于教师指导学生开展"教、学、做"一体化活动，特别考虑了学习活动的可操作性。教师只要向学生适当说明完成学习任务需要注意的事项，学生就可以顺利地完成各项学习活动。通过三年实际教学活动的检验，证明本书在操作层面上简明易懂，学生容易理解并产生兴趣，而且在学习活动的组织上特别容易激发学生的主观能动性和创造性。

本书采用彻底的任务驱动教学法，把复杂的店面渠道管理过程中出现的主要活动简化成一系列表单操作。理论篇是为附录的一系列表单服务的，其内容经过系统的精简，和附录中的法规一同为学生的学习活动做必要的理论准备。同时教师还可以利用附录中的试题测试学生的学习效果。

本书编者还提供课堂教学用的多媒体课件供广大教学工作者参考。

编者在编写本书的过程中参考了近年来出版的相关资料，吸取了许多专家和同行的宝贵经验，在此向他们表示衷心的感谢。由于编者水平有限，编写时间仓促，书中不当之处在所难免，敬请广大读者批评指正。

编　者

目 录

理论篇

绪论 / 3
第一章 从销售经理处领取任务 / 18
第二章 与卖场采购主管、营运主管的沟通 / 35
第三章 配合卖场制订促销方案 / 57
第四章 卖场促销督促与人员管理 / 76
第五章 店面销售额情况分析与汇报 / 80
第六章 对竞争对手、同类产品的调查 / 92
第七章 业务谈判与合同签订 / 111
第八章 开拓市场与增加店面 / 127

附　录

《零售商与供应商公平交易管理办法》 / 139
《零售商促销行为管理办法》 / 142
零售管理试题 / 144
店面渠道管理常用表单范本 / 156

参考文献 / 196

后　记 / 197

理论篇

绪 论

一、零售业的基础知识

(一) 零售和零售业的定义

1. 零售的定义

零售是向最终消费者个人或社会集团出售生活消费品及相关服务,以供其最终消费之用的全部活动。这一定义包括以下几点。

(1) 零售是将商品及相关服务提供给消费者作为最终消费之用的活动。例如,零售商将汽车轮胎出售给顾客,顾客将之安装于自己的车上,这种交易活动便是零售。若购买者是汽车生产商,而汽车生产商将之装配于汽车上,再将汽车出售给消费者则不属于零售。

(2) 零售活动不仅向最终消费者出售商品,同时也提供相关服务。零售活动常常伴随商品出售提供各种服务,如送货、维修、安装等,多数情形下,顾客在购买商品时,也买到某些服务。

(3) 零售活动不一定非在零售店铺中进行,也可以利用一些使顾客便利的设施及方式,如上门推销、邮购、自动售货机、网络销售等。无论商品以何种方式出售或在何地出售,都不会改变零售的实质。

(4) 零售的顾客不限于个别的消费者,非生产性购买的社会集团也可能是零售顾客。例如,公司购买办公用品,以供员工办公使用;某学校订购鲜花,以供其会议室或宴会使用。所以,零售活动提供者在寻求顾客时,不可忽视团体对象。在我国,社会集团购买的零售额平均在10%左右。

2. 零售业的定义

零售业是以向最终消费者(包括个人和社会集团)提供所需商品及其附带服务为主的行业。

零售业是一个国家最古老的行业之一。

零售业也是一个国家最重要的行业之一。零售业的每一次变革和进步,都带来了人们生活质量的提高,甚至引发了一种新的生活方式。

零售业是反映一个国家和地区经济运行状况的晴雨表。国民经济是否协调发展,社会与经济结构是否合理,首先在流通领域,特别是在消费品市场上表现出来。

零售业是一个国家和地区的主要就业渠道。由于零售业对劳动就业的突出贡献,很多国家甚至把扶持、发展零售业作为解决就业问题的一项经济政策。

现代零售业是高投资与高科技相结合的产业。现在,零售商们运用着最先进的计算机和各种通信技术对变化中的消费需求迅速做出反应。

(二)西方零售业的变革

零售业中的某些变化之所以能提升到重大变革的高度,必须满足三方面的条件。一是革新性,即这一变化应产生一种全新的零售经营方式、组织形式和管理方法,并取得支配地位;二是冲击性,即新的零售组织和经营方式将对旧组织和旧方式带来强烈的冲击,同时也影响着顾客购物方式的变化和厂商关系的调整;三是广延性,即这场变革不是转瞬即逝,而是扩展到一定的空间,延续到一定的时间。从这几个方面考查,西方零售业历史上曾出现过三次重大变革,并且正在孵化第四次变革。

1. 第一次零售业变革:百货商店的诞生

零售业的第一次重大变革是以具有现代意义的百货商店的诞生为标志的。学术界称之为"现代商业的第一次革命",足见其划时代的意义。尽管当时百货商店被称为具有革新性的经营手法现在看来十分平常。例如,明码标价和商品退换制度;店内装饰豪华,顾客进出自由;店员服务优良,对顾客一视同仁;商场面积巨大,陈列①商品繁多,分设若干商品部,实施一体化管理等。但这些改革对当时传统零售商来说,已是一个质的飞跃。

(1) 销售方式上的根本性变革

百货商店是世界商业史上第一个实行新销售方法的现代大量销售组织。其新型销售方法,概括起来如下。

① 顾客可以自由自在地进出商店。
② 商品销售实行"明码标价",商品都有价格标签,对任何顾客都以相同的价格出售。
③ 陈列出大量商品,以便于顾客任意挑选。
④ 顾客购买的商品,如果不满意时,可以退换。

这些销售方式,在现在看来虽然是一件十分平常的事情,但它是由百货商店的诞生及其对零售销售的变革而来的。

(2) 经营上的根本性变革

当时出现的百货商店的最大特点是,设有不同的商品部,这些商品就像是一个屋顶下的"商店群",即把许多商品按商品类别分成部门,并由部门来负责组织进货和销售。而且,百货商店是主要以生活用品为中心,实行综合经营的大量销售组织。按不同商品和不同销售部位来经营,虽然每个部位的经营规模不大,但由于它们是汇聚在一个经营体之中的,因而这种综合经营的规模比起之前的杂货店和专门店来说就十分庞大。因此,百货商店实行综合经营也是其适应大量生产和大量消费的根本性变革内容之一。

(3) 组织管理上的根本性变革

传统的城市零售店和乡村杂货店,店主不仅亲自营业,而且自行负责人、财、物的管理。与此根本性不同的是,百货商店由于同时经营若干系列的商品,企业规模庞大,因而其经营

---

① 陈列是指商品的展示,即按照一定的原则,利用货架或其他工具将商品展示出来,以方便顾客进行挑选和购买。

活动分化成相对独立的专业性部门,实行分工和合作;而管理工作则是分层进行的,企业制定有统一的计划和组织管理原则,然后由若干职能管理部门分头执行。因此,百货商店是在一个资本的计划和统制下,按商品系列实行分部门、分层次组织和管理的。

2. 第二次零售业变革:超级市场的诞生

(1) 革命性变化

超级市场标志着一场零售革命的爆发,其对零售业的革新和发展,以及整个社会的变化带来了以下影响。

① 开架售货方式流行。开架售货尽管不是超级市场首创,但它却是因超级市场而发扬光大的,超级市场采用的自选购物方式,作为一个重要的竞争手段,不仅冲击了原有的零售形态,而且影响了新型的零售业态,后来出现的折扣商店、货仓式商店、便利店等都采取了开架自选或完全的自我服务方式。

② 大大节省人们购物时间。随着女性工作时间增多,闲暇时间减少,人们已不把购物当作休闲方式,而要求购物更方便、更快捷。超级市场恰好满足了人们的这种新要求,将原本分散经营的各类商品集中到一起,大大节省了人们的购物时间,使人们能将有限的闲暇时间用于旅游、娱乐、健身等活动,创造了一种全新的现代生活方式。超级市场实施的统一结算和关联商品陈列,也大大节省了人们选购商品和结算的时间。

③ 普及舒适的购物环境。超级市场所营造的整齐、干净、舒适的购物环境,取代了原先脏乱嘈杂的生鲜食品市场,使人们相信购买任何商品都能享受购物乐趣。

④ 促进了商品包装的变革。开架自选迫使厂商进行全新的商品包装设计,展开包装、标志等方面的竞争,出现了大中小包装齐全、装潢美观、标志突出的众多品牌,这也使商场显得更整齐、更美观,造就了良好的购物环境。

(2) 产生背景

超级市场的出现和发展现在看来有其历史的必然,其产生背景有以下几个。

① 经济危机是超级市场产生的导火线。20世纪30年代席卷全球的经济危机使得居民购买力严重不足,零售商纷纷倒闭,生产大量萎缩,店铺租金大大降低。超级市场利用这些租金低廉的闲置建筑物,采取节省人工成本的自助购物方式和薄利多销的经营方针,实现了低廉的售价,因而受到了当时被经济危机困扰的广大消费者的欢迎。

② 生活方式的变化促成了超级市场。第二次世界大战后,越来越多的妇女参加了工作,人们生活、工作节奏加快,加上城市交通拥挤,原有零售商店停车设施落后,许多消费者希望能到一家商场,停车一次,就购齐一周所需的食品和日用品,超级市场正是适应消费者的这种要求而产生的。

③ 技术进步为超级市场创造了条件。制冷设备的发展为超级市场储备各种生鲜食品提供了必要条件,包装技术的完善为超级市场中顾客自选提供了极大的方便;而后来的电子技术在商业领域的推广运用,更是促进了超级市场利用电子设备,提高售货机械化程度。此外,冰箱和汽车在西方家庭中的普及使消费者的大量采购和远距离采购成为可能。

3. 第三次零售业变革:连锁商店的兴起

连锁商店是现代大工业发展的产物,是与大工业规模化的生产要求相适应的。其实质就是通过社会化大生产的基本原理应用于流通领域,达到提高协调运作能力和规模化经营效益的目的。连锁商店的基本特征表现在以下四个方面。

(1) 标准化管理。在连锁商店中,各分店统一店名,使用统一的标志,进行统一的装修。在员工服饰、营业时间、广告宣传、商品价格方面均保持一致性,从而使连锁商店的整体形象标准化。

(2) 专业化分工。连锁商店总部的职能是连锁,而店铺的职能是销售。表面上看,这与单体店没有太大的区别,实际上却有质的不同。总部的作用就是研究企业的经营技巧,并直接指导分店的经营,这就使分店摆脱了过去靠经验管理的影响,大大提高了企业管理水平。

(3) 集中化进货。连锁总部集中进货,商品批量大,从厂家可以得到较低的进货价格,从而降低进货成本,取得价格竞争优势。由于各店铺是有组织的,因此,在进货上克服了盲目性,不需要过大的商品库存,就能保证销售需要,库存成本又得到降低。各店铺专门负责销售,就有更多的时间和手段组织推销,从而加速了商品周转。

(4) 简单化作业。连锁商店的作业流程、工作岗位上的商业活动尽可能简单,以减少经验因素对经营的影响。由于连锁体系庞大,在各个环节的控制上都有一套特定的运作规程,要求精简不必要的过程,达到事半功倍的效果。

4. 第四次零售业变革:信息技术的发展

信息时代,信息技术的发展对零售业的影响是巨大的,它的影响绝不亚于前三次生产方面的技术革新对零售业影响的深度和广度。信息技术引发了零售业的第四次变革,它甚至改变了整个零售业。这种影响具体表现在以下几个方面。

(1) 网络技术打破了零售市场的时空界限,店面选择不再重要。店面选择在传统零售商经营中,曾占据了极其重要的地位,有人甚至将传统零售企业经营成功的首要因素归结为"Place,Place,Place"(选址、选址、还是选址),因为没有客流就没有商流,客流量的多少成了零售经营至关重要的因素。连锁商店之所以迅速崛起,正是打破了单体商店的空间限制,赢得了更大的商圈范围。而在信息时代,网络技术突破了这一地理限制,任何零售商只要通过一定的努力,都可以将目标市场扩展到全国乃至全世界,市场真正国际化了,零售竞争更趋激烈。对传统商店来说,地理位置的重要性将大大下降,要立足市场必须更多地依靠经营管理的创新。

(2) 销售方式发生变化,新型业态崛起。信息时代,人们的购物方式将发生巨大变化,消费者将从过去的"进店购物"演变为"坐家购物",足不出户,便能轻松在网上完成过去要花费大量时间和精力的购物过程。购物方式的变化必然导致商店销售方式的变化,一种崭新的零售组织形式——网络商店应运而生。其具有的无可比拟的优越性将成为全球商业的主流模式并与传统的店铺商业展开全方位的竞争。而传统零售商为适应新的形势,也将引入新型经营模式和新型组织形式来改造传统经营模式,他们尝试在网上开展电子商务,结合网络商店的商流长处和传统商业的物流长处综合发挥最大的功效。零售业的变革不再是一种"小打小闹"的局部创新,而是一场真正意义上的革命。

(3) 零售商内部组织面临重组。信息时代,零售业不仅会出现一种新型零售组织——网络商店,同时,传统零售组织也将面临重组。无论是企业内的还是企业与外界的,网络技术都将代替零售商原有的一部分渠道和信息源,并对零售商的企业组织造成重大影响。这些影响包括业务人员与销售人员的减少、企业组织的层次减少、企业管理的幅度增大、零售门店的数量减少、虚拟门市和虚拟部门等企业内外部虚拟组织盛行。这些影响与变化,促使零售商意识到组织再造工程的迫切需要。尤其是网络的兴起,改变了企业内部的作业方式,以及员工学习成长的方式,个人工作者的独立性与专业性进一步提升。这些都迫使零售商进行组织的重整。

(4) 经营费用大大下降,零售利润进一步降低。信息时代,零售商的网络化经营,实际上是新的交易工具和新的交易方式形成的过程。零售商在网络化经营中,内外交易费用都会下降,就一家零售商而言,如果完全实现了网络化经营,可以节省的费用包括:企业内部的联系与沟通费用;企业人力成本费用;避免大量进货的资金占用成本、保管费用和场地费用;通过虚拟商店或虚拟商店街销售的店面租金费用;通过互联网进行宣传的营销费用和获取消费者信息的调查费用等。另外,由于网络技术大大克服了信息沟通的障碍,人们可以在网络上浏览、搜寻,直到最佳价格显示出来,因而将使市场竞争更趋激烈,导致零售利润将进一步降低。

在过去的几十年间,国外的零售业又产生了以下几种方式。

(1) 类型专卖店(category specialist)是一种占地面积 8 000 平方英尺(1 英尺=0.3048 米),经销的商品品种少,但种类多的折扣商店,如"Toys 'R' Us"玩具专营店等。

(2) 家具改建中心(home-improvement)是将传统的五金商店和木材储藏场综合起来的类型专营商,如美国 HOME DEPOT。

(3) 仓储会员店(warehouse club)是一种以低价格无服务的方式向顾客和小企业提供有限种类的商品的普通商品零售商,如山姆会员商店。

(4) 折扣零售商(off-price retailers)是以低价经销并具有时尚性,但并非总是一类品牌的纺织品的一种零售商,如 MARSHALL。

(5) 目录商店(catalog showroom)是指其陈列室邻近期货仓的一种零售商。

(三) 中国零售业的发展

1. 中国零售业的变革历程

(1) 第一阶段:改革开放初至 1989 年年底,传统百货商店在零售市场占绝对主导地位。

(2) 第二阶段:1990—1992 年年底,超级市场开始涌现,动摇了百货商店的市场基础。

(3) 第三阶段:1993—1995 年年底,各种新型零售组织崭露头角,出现百花齐放局面。

(4) 第四阶段:1996—1999 年,跨国零售商进入,加速了零售业的现代化进程。

(5) 第五阶段:1999 年以后,零售竞争日益加剧,连锁经营趋势增强。

2. 中国零售业变革的动因

对于中国这场正在进行的深入而广泛的零售变革,目前有三种说法解释其背后引发的原因和源动力。

第一种说法是零售业的变革源于技术进步力量的推动。近代以来,西方零售业的发展经历了三次重大变革,并在信息技术的催化下正在酝酿第四次重大变革,如今西方发达国家的现代零售业就是这几次零售革命的必然结果。近代零售业的多次变革,每一次都能找到技术力量推动的影子,它是伴随着同期技术革命所引发的产业革命而诞生的孪生兄弟。尤其是信息时代,网络技术在社会、经济各个领域的广泛运用,电子商务的兴起,迫使传统零售企业从管理观念、管理模式、组织结构和作业流程都将发生相应变革。而在中国,引发前三次零售革命的技术条件均已成熟,网络技术也已逐渐渗透到社会经济生活的各个角落,因而中国零售业变革是大势所趋。与西方发达国家不同的是,中国零售业是多项变革同时进行的,而不是呈阶段性发展,这就导致这场变革具有复杂性和急剧性。

第二种说法是零售业外部市场环境变化导致零售业内部做出相应调整。根据"零售组织进化论"的"适者生存"观点:零售企业必须同社会经济环境的变化相适应,才能继续存在和发展,否则就将不可避免地被淘汰。经过多年的经济体制改革,中国市场环境已经发生了根本性的变化,在从卖方市场向买方市场转化过程中,消费者逐渐成为控制市场的主导力量,信息技术的发展使得消费者的个性化和多样化需求得到充分满足。如果零售商不相应调整经营方式,则制造商极有可能越过中间商直接向消费者提供商品和服务。同时,跨国零售集团的进入,以更先进的管理方式提供更优质的顾客服务,使中国零售竞争在更高平台上展开,这些都迫使中国零售商为赢得生存空间而进行全方位的变革与创新。

第三种说法是经济发展进程中零售业自身发展规律所引发的内部结构调整。从近代西方发达国家零售业发展路径来看,零售业有着自身的发展规律。例如,西方学者总结的"零售轮转学说"、"零售综合化和专业化循环学说"、"零售辨证学说"和"零售组织生命周期学说"等,都从不同角度阐释了零售业的发展演变规律,说明商品流通系统通过自身的发展变革,能够在大量生产与多样化消费之间,通过创造新的组织形式,充分发挥协调生产与消费的功能。在中国经济高速发展时期,零售组织的自我更新引起零售业的嬗变,西方新型组织形式和经营方式的引入促进了零售业内部进行着质的变化。

3. 中国零售商面临的挑战

近年来,中国零售业长足发展,不断完善吸收国际流行的连锁经营、物流配送、电子商务等快速、便捷的销售、流通方式,使业态结构发生巨大变化。超级市场伴随着中国零售业迅速发展,成长为主力业态;原有百货商店的营业规模扩大,设施更新,开业数量稳步上升;各种类型的便利店增幅较大,门类繁多的各种专业店发展迅速。

我国已有50%的地级城市完成了销售及商业网点的规划布局。北京、上海、重庆、青岛、宁波、哈尔滨、沈阳、郑州、南昌、海口等大中城市在履行法定程序并正式予以颁布实施的基础上,已基本完成销售商业网点的规划布局。

国际跨国公司携国际资本抢滩中国市场,在中国零售业采取的垄断行为已初露端倪。中国商务部在2004年5月关于《在华跨国公司限制竞争行为表现及对策》的报告中指出:"一批跨国公司目前已经利用自己在技术、品牌认知度、资金、管理等方面的优势地位来阻碍、限制市场竞争,从而统治中国的相关产品市场。"

当前,中国零售业界面对以下挑战:一是有影响力的外资零售企业加快扩张步伐,其相互间的竞争与合作将显现出较大的变化与互动;二是中国流通体制改革全面展开,国内市场的一体化进展与内外贸易的融合同时发力,业界面临新一轮的结构性调整及创新;三是农村经济与商业建设深入发展,农村消费市场容量增加,农村市场不断扩大;四是消费结构升级,新兴消费群体兴起,新的消费时代来临;五是供应链管理的应用及物流环境的提升更受业界重视;六是引发行业的改革深化,专业市场进入升级换代时期;七是消费者维权意识增强,产品与服务质量及商品、食品安全控制均将成为营销业界管理的重点;八是商业信用体系逐步建立,商业服务水平将进入新层次,诚信兴商成为发展重点;九是注重品牌塑造,自有品牌争相问世,进入高速发展期。零售业在社会经济产业体系中,是连接上下游、发展中间层、合理配置资源的重要环节。在计划经济体制下,零售业曾是国民经济体系的末端,而在市场经济条件下,零售业则正从产业末端向上挺进。市场经济产业链条发展的情况不断显示出,谁控制了零售业领域,谁就将控制整个经济产业命脉。盈利是企业的本能,收取进场费是当前国际通行惯例。在一些中国的外资大型超市中,当地供应商需向外资零售商支付名目繁多的费用,如进场费、节庆费、店庆费、条码费、新品费、特色促销费、堆箱陈列费、收银台促销费、商场海报费等。有些外资零售商则强制向对其提供产品的中国本地供应商购买打折餐券,强制中国本土供应商在中国节假日购买特定商品(如中秋节购买月饼)等。

二、零售业态的基础知识

(一) 业态与零售业态

业态是销售市场向确定的顾客提供确定的商品和服务的具体形态。自19世纪中叶以来,世界市场的业态革命此起彼伏。

零售业态是指零售企业为满足不同消费需求而形成的不同经营方式。零售业态是零售企业适应市场经济日趋激烈的竞争产物,是物竞其类、适者生存法则在商品流通领域的表现。

(二) 零售业态的类型

零售业态从总体上可以分为有店铺零售(store-based retailing)和无店铺零售(non-store selling)两类。

按照零售业态分类原则分为如下18种零售业态。

1. 有店铺零售

有店铺零售是有固定的进行商品陈列和销售所需要的场所和空间,并且消费者的购买行为主要在这一场所内完成的零售业态。

(1) 食杂店(traditional grocery store)是以香烟、酒、饮料、休闲食品为主,独立、传统的无明显品牌形象的零售业态。

(2) 便利店(convenience store)是以满足顾客便利性需求为主要目的的零售业态。

(3) 折扣店(discount store)是店铺装修简单,提供有限服务,商品价格低廉的一种小型超市业态。拥有不到2 000个品种,经营一定数量的自有品牌商品。

(4) 超市(supermarket)是开价售货,集中收款,满足社区消费者日常生活需要的零售业态。根据商品结构的不同,可以分为食品超市和综合超市。

(5) 大型超市(hypermarket)是实际营业面积达6 000 m² 以上,品种齐全,满足顾客一次性购齐的零售业态。根据商品结构,可以分为以经营食品为主的大型超市和以经营日用品为主的大型超市。

(6) 仓储会员店是以会员制为基础,实行储销一体、批零兼营,以提供有限服务和低价格商品为主要特征的零售业态。

(7) 百货店(department store)是在一个建筑物内,经营若干大类商品,实行统一管理,分区销售,满足顾客对时尚商品多样化选择需求的零售业态。

(8) 专业店(speciality store)以专门经营某一大类商品为主的零售业态,如办公用品专业店(office supply)、玩具专业店(toy stores)、家电专业店(home appliance)、药品专业店(drug store)、服饰店(apparel shop)等。

(9) 专卖店(exclusive shop)是以专门经营或被授权经营某一主要品牌商品为主的零售业态。

(10) 家居建材商店(home center)是以专门销售建材、装饰、家居用品为主的零售业态。

(11) 购物中心(shopping center/shopping mall)是多种零售店铺、服务设施集中在由企业有计划地开发、管理、运营的一个建筑物内或一个区域内,向消费者提供综合性服务的商业集合体。

① 社区购物中心(community shopping center)是在城市的区域商业中心建立的,面积在5万平方米以内的购物中心;

② 市区购物中心(regional shopping center)是在城市的商业中心建立的,面积在10万平方米以内的购物中心;

③ 城郊购物中心(super-regional shopping center)是在城市的郊区建立的,面积在10万平方米以上的购物中心。

(12) 厂家直销中心(factory outlets center)是由生产商直接设立或委托独立经营者设立,专门经营本企业品牌商品,并且多个企业品牌的营业场所集中在一个区域的零售业态。

2. 无店铺零售

无店铺零售是不通过店铺销售,由厂家或商家直接将商品递送给消费者的零售业态。

(1) 电视购物(television shopping)是以电视作为向消费者进行商品推介展示的渠道,并取得订单的零售业态。

(2) 邮购(mail order)是以邮购商品目录为主向消费者进行商品推介展示的渠道,并通过邮寄的方式将商品送达给消费者的零售业态。

(3) 网上商店(shop on network)是通过互联网进行买卖活动的零售业态。

(4) 自动售货亭(vending machine)是通过售货机进行商品售卖活动的零售业态。

(5) 直销(direct selling)是采用销售人员直接与消费者接触,进行推介,以达到销售其产品或服务目的的零售业态。

(6) 电话购物(tele-shopping)是主要通过电话完成销售或购买活动的一种零售业态。

(三) 零售业态的发展

随着全球经济一体化和科技进步日益加速,零售业态呈现多元化发展的态势,其发展的基本趋向大致表现在以下几方面。

1. 主力业态凸显,多业态并存

所谓主力业态是指在一定时期内占有市场份额大、发展迅速的业态。从单一企业角度看,这方面日益突出的是以连锁方式发展的超市业态。例如,国际上的"沃尔玛"、"家乐福"等超市连锁企业,以及国内的上海"华联"和"联华"超市集团企业,其所实现的销售额与盈利额都是其他业态的企业所无法比肩的。如果从业态的整体发展上看,国内外连锁超市的销售额增幅都是最高的,特别是我国这些年以来,超市始终以30%以上的增幅发展。与此同时,其他业态虽然受到超市突飞发展的市场挤压,但超市并未从根本上扼杀这些业态。究其原因,一方面在于零售企业的经营活动均受有限的商圈内各种因素的制约,即使是再有竞争力的业态也难于排除其他业态的存在,这是由非主流业态或多或少地具有自身的竞争优势所决定的;另一方面,消费群体的分层化,偏好的多样性,消费行为的多元化特征都决定了他们不可能完全依附于某一种业态而生存。这可以从当今之世,作为最原始经营方式的"杂货店"依然遍布城乡市场而得到佐证。如果从连锁超市极具扩张力的原因看,它主要以低需求弹性的生活必需品为经营内容,通过大规模连锁经营低成本扩张,这也就决定了它难以完全取代其他业态而独步天下。

2. 经营、管理理论与技术手段的作用日益突出

传统的商业相对于其他生产行业而言,所应用的理论与技术水平是落后的。但是,随着买方市场的出现,市场竞争不断呈白热化状态。这就迫使商业特别是零售业态不断引进、发展新的管理理论,不断采用具有高科技含量的技术手段,以提高自身素质和企业的核心竞争力,从而使零售业高科技的特征日益突出。经营与管理理论的应用,大幅度提高了零售业的市场适应和拓展能力,改善了其内部资源的配置状况;而技术手段的日益现代化,为敏感发现市场变化,实现经营与管理的各项指标,提供了有力的支持。换言之,技术手段是将理论应用于实践,指导实践的中介手段。它有力地推动了零售业态的实践深入,从而也为理论的进一步发展创造了有利条件。因此,在零售业中各企业纷纷引入与应用更为现代化的理论作为指导的基础上,谁能争胜于市场,技术手段是否现代、先进,应用是否切合实际,就成为决定性因素。所以,从这个层面上讲,零售业态的竞争与发展已进入"技术决定率"的时代。在这个过程中,业态的变革与创新就成为必然的趋势。

3. 各种零售业态相互渗透与融合

早期各种零售业态的生成与发展,主要是基于其他业态的缺陷而发挥扬我所长、击其所短的作用。但随着实践的深入、竞争的加剧,各业态之间为避短,纷纷引入其他业态的优点,业态之间相互渗透与融合成为一大特点。例如,传统百货店过去都采用封闭式售货的方式,使顾客自主选择权大受限制,而今开架售货已成为百货店采用的基本经营方式。这种从自选超市学习的经验,不仅降低了百货店的人工成本,也提高了消费者的购物积极性。反观超市业态,则对贵重商品和小件商品采用了柜台式售货的方式,这明显降低了商品的丢失率,也扩大了商品的经营范围。这种各取所长、相互渗透的做法在其他业态中都可以明显地看到。各业态相互融合的趋势更为突出,现今超市引入专卖店等,如药店、茶叶店、小吃快餐已成为潮流,百货店则更是如此,不仅有超市,还有餐饮、娱乐、健身等项目,俨然有购物中心的面貌。总之,这种相互学习、各取所长的变化,对于各零售业态提高市场竞争力,形成综合优势是必不可少的。

4. 通过商品结构调整形成商品经营特色的趋势明显

现今百货店传统经营的许多项目已退出百货店的经营范围,如大家电、自行车等,而服装、鞋帽、箱包类商品已成为百货店的主营商品和利润的增长点,使百货店的传统含义发生了很大的变化。而超市也发生了相应的变化。例如,"生鲜加强型"超市、"食品加强型"超市,已成为超市经营重点发生根本性变化的标志。显然,只有不断适应市场变化,相应调整商品结构,形成商品经营重点与特色,才能更好地吸引消费者。这实质上是各零售业态中的企业在市场中不断调整经营定位,更准确地与自己目标市场的需要相吻合的过程。

三、超市的基础知识

（一）超市的起源

1. 超市的定义

超级市场是以顾客自选商品方式经营的大型综合性零售商场,又称自选商场。是许多国家特别是经济发达国家的主要商业零售组织形式。

超级市场于20世纪30年代初最先出现在美国东部地区。第二次世界大战后,特别是五六十年代,超级市场在世界范围内得到较快的发展。在超级市场中,最初经营的主要是各种食品,以后经营范围日益广泛,逐渐扩展到销售服装、家庭日用品、家用电器、玩具、家具及医药用品等。超级市场一般在入口处备有手提篮或手推车供顾客使用,顾客将挑选好的商品放在手提篮或手推车里,到出口处收款台统一结算。

2. 超市的兴起

超级市场产生于1930年的美国纽约,被称为零售业的第三次革命。1930年8月,美国人迈克尔·库伦在美国纽约州开设了第一家超级市场——金库伦联合商店。当时,美国正处在经济大危机时期,迈克尔·库伦根据他几十年的食品经营经验精确设计了低价策略,并首创商品品种区别定价方法。它的超级市场平均毛利率只有9%,这和当时美国一般商店为25%~40%的毛利率相比是令人吃惊的。为了保证售价的低廉,必须做到进货价格的低廉,只有大量进货才能压低进价,迈克尔·库伦就以连锁的方式开设分号,建立起保证大量进货的销售系统。它首创了自助式销售方式,采取一次性集中结算的方法。

20世纪30年代中期以后,超级市场这种零售组织形式由美国逐渐传到了日本和欧洲。在我国,超级市场被引入于1978年,当时被称作自选商场。

（二）超市的特点

超级市场的特点有以下几个。

1. 超级市场规格统一

超级市场的商品均事先以机械化的包装方式,分门别类地按一定的重量和规格包装好,并分别摆放在货架①上,明码标价,顾客实行自助服务,可以随意挑选。

2. 超级市场广泛使用电子计算机和其他现代化设备

便于管理人员迅速了解销售情况,及时保存、整理和包装商品,自动标价、计价等,因而提高了工作效率,扩大了销售数量。

3. 超级市场内的商品品种齐全,挑选方便

人们可以在一个商场内购买到日常生活所需的绝大部分商品,免除了许多麻烦。自动标价、计价、结算效率高,也节省了顾客的时间。而且由于商场的经营效益好,降低了成本,

---

① 货架是超市卖场中用来存放和展示商品的道具(铁制架子),可以分为底板、立柱、刀臂等几部分。

所以商品的价格相对也较低廉,受到广大顾客的欢迎。

美国学者 M. M. 齐默曼在其著作《超级市场》(*The Supermarket*)中指出:超市是被高度部门化了的、经营食品和其他商品的零售店。其或是完全由所有者自己经营,或是委托他人经营;有足够的停车场,而且年营业额不低于 25 万美元。且干货食品、日用杂货商品采用自助服务的方式。

著名的营销专家菲利普·科特勒认为,超市是规模相当大的、成本低、毛利低、销售量大的自我服务的经营机构,其目的是满足顾客对食品和家庭日用品的全部需要。在我国,超级市场是指采取自选方式,以销售食品为主,生鲜品占一定比重,满足人们日常需要的零售店。

(三) 超市商品组合策略

在日本,连锁超级市场的经营者决定要在某一地区成立分店时,一定会请一位店长将他的家庭迁到这个区域,实际居住半年以上。其目的是要对该地区的消费对象有一个概括的认识,从而发现他们的消费需求,同时也可以了解区域内同业的商品结构概况及竞争形势。这时候,这位店长就可以考虑公司的商品策略及实际的地域情况,从而形成一种新的商品观念,最后再根据这个观念决定各部门的特征及商品的结构。

例如,这位店长进入一个新的超市预定商圈后,他发现这个区域居住的消费者教育程度普遍都不低,收入也在一般收入水准之上,他们所需求的是品质高、有特色的商品。而在同业中由于面积的限制,所售的日用品品种明显不足,且品质层次太低,无法满足消费者的需求。在这种情况下,这位店长可能形成这样的商品观念:提高商品的品质与鲜度,扩大家庭日用品的比率,以满足消费者一次购足的需求,这样才会取得经营成功。

由此可见,对于超市经营者而言,商品观念的形成主要依据对消费需求的了解。只有有了正确商品观念之后,才可据此决定各部门的结构特征,逐步开发各项商品。日本专家将超级市场的商品组合以体系化的概念加以整理。

出售消费者"需要"且"想要"的商品。所谓"需要",是指消费者在日常生活中不可缺的商品,不外乎是"吃"和"用"两类。吃的方面,如蔬菜、水果、肉类、鱼类、饮料、糖果、饼干等;用的方面,如洗衣粉、牙膏、牙刷、卫生纸、厨房清洁用品等,这些都是超级市场商品结构中不可或缺的商品。至于顾客"想要"的商品。例如,夏天想吃一片冰凉的西瓜,喝一罐饮料;天冷时想多吃一顿热气腾腾的火锅大餐;春节想买个礼物去拜访亲朋好友等。

建立商品的特色。随着收入与知识的增加,消费者的要求从"物"的满足转换成"质"的提升,从"购买商品"转换成"购物的享受",购物已经成为消费者休闲生活的一部分。如何建立商品的特色,是经营超级市场的重要课题。例如,"组合菜"或称"配菜",是超市兴起之初所推出的极具特色、与传统市场具有差别化的商品。该项商品是超市经营者为了满足顾客的需求而做出的商品组合。下午 5 点至 7 点是超市的高峰时段,这一时段超市最常见的景象是消费者(通常是上班的职业妇女)以极迅速的步调,提起篮子快速地选购自己需要的蔬菜、水果、肉类、鱼类,然后又迅速地走向收银台,赶着回家处理家务。但也有些职业妇女一进超市就站在蔬菜柜前,不知道该选择何种蔬菜。这促使商品计划人员思考在超级市场的商品经营活动中,究竟应该如何提供简单、营养、快速下锅的商品,以满足职业妇女的烹饪需求。"组合菜"就是在这种思考下的产物,大受顾客欢迎,给超级市场带来了可观的经营效益。

开发更多能创造利益的商品。随着消费水准的提高,价格竞争会逐渐转换成对购物的舒适性、结账的迅速、资讯的提供、员工的待客态度等的竞争。超市商品采购人员每引进一项商品，一定要思考卖这项商品能不能盈利，并从差别化着手去满足消费者的好奇心，降低消费者对价格的敏感度，超级市场才能获得应得利益。

四、营销渠道及销售终端的基本常识

（一）营销渠道

（1）定义：营销渠道就是商品和服务从生产者向消费者转移过程的具体通道或路径。

（2）营销渠道的环节：批发商、零售商（无店铺零售、有店铺零售）、代理商。

（二）经销商与代理商、分销商和厂方代表的关系

1. 经销商概述

经销商是指从企业进货，然后转手卖出去。对于他们而言，货物只是经过手，再销售而已，他们关注的是利差，而不是实际的价格。企业对他们不是赊销，而是收了货款的。这个商是指商人，也就是一个商业单位。所以经销商一般是企业，或者是从企业拿钱进货的商业单位。

2. 经销商与代理商、分销商的关系

（1）代理商可以是代理单一品牌或多个品牌；分销商一定是代理众多品牌，如世平分销、龙临分销；经销商是个比较笼统的称谓，包括代理商、分销商还有单纯的贸易商（不从原厂拿货而是从其他渠道）。

（2）代理商是分销商也是经销商，但是分销商和经销商不一定是代理商。分销商和经销商没什么区别。

（3）分销是一个销售方式概念。分销商是一个中转站，一个制造企业将产品委托中转站销售。代理商是受制造企业授权在一定区域时间终端等进行销售。经销商类似于贸易商，自由贸易。

（4）分销商广义上包括代理商、经销商。代理商与经销商存在是否获得授权的问题。当然，代理商也分为多种性质的代理。

（5）主要从产品所有权上区分：经销商对产品有所有权；代理商一般没有所有权，只收取佣金；分销商一般只做渠道不做终端。

（6）分销商得到原厂授权，销售全线产品，是代表厂家处理业务经销商，能够在原厂拿到货的贸易商。没有得到原厂授权，原厂也不会返利。代理商得到原厂授权，销售部分产品，原厂会返利之类。代理商在国外有的也叫作分销商。代理商的支持者是原厂（对于单个品牌存在唯一），我们一般理解的分销商和经销商是指整合市场资源，为客户服务，提供多个点的支持。

（7）经销商分为普通经销商和特约经销商。前者就和外面的普通日用品一样没有限制，而后者则和大的代理商或厂家有某些在销售额、产品价格等方面的特别约定。分销商介于代理商和经销商之间。代理商是指某产品在销售过程中由生产厂家授权给在某一区域有资格销售该产品的商家。它分为国家级、地区级、省市县级等，又分为独家代理、总代理、分级代理，所有代理商都有相应的特权，代理级别低的原则上由高一级的代理商管理。

3. 经销商和厂方代表的关系

很多公司在关于厂方代表的职责中写到：对于经销商进行有效的管理。有了这一说法，很多销售人员就如同拿了"尚方宝剑"，也就像模像样地管理起来了，其实对经销商用"管理"一词还不能切实地表达他们的职责。应该说厂方代表对于经销商所做的工作要围绕引导、协助、沟通、控制四个方面开展。

我国台湾地区的人们对于此的理解用"商流"一词来概括，要知道大部分的销售人员都只做一件关于"物流"的工作，即催促经销商付款，协调公司将货准时发至经销商的手中。周而复始，仅此而已。而"商流"的概念则是，考虑如何从终端向上拉动，引导经销商如何操作产品，协助经销商建立分销渠道，作为厂商的桥梁便于两者间的沟通顺畅，控制经销商操作行为等。

（三）销售终端的定义

销售终端是指产品销售渠道的最末端，是产品到达消费者完成交易的最终端口，是商品与消费者面对面的展示和交易的场所。通过这一端口和场所，厂家、商家将产品卖给消费者，完成最终的交易，进入实质性消费；通过这一端口，消费者买到自己需要并喜欢的产品。销售终端是竞争最激烈的具有决定性的环节，在终端柜台或货架，各种品牌在这里陈列，如何吸引消费者的眼光和影响消费者的购买心理是终端工作的关键所在。

（四）销售终端的类型

当前，销售终端主要有以下四种类型。
(1) 多环节终端或叫作普通终端，指各类零售店。
(2) 消费地终端或叫作即时消费终端，如餐厅、酒吧（包括在餐厅销售饮品之类）。
(3) 零距离终端或叫作客户终端，如直销及一些大宗设备或原料销售。
(4) 起点式终端或叫作虚拟终端，指网上销售。

五、厂家销售代表的基础知识

（一）厂家销售代表的定义

厂家销售代表，又称厂家推销员，是来自生产厂商的销售队伍，其职责包括开发经销商及零售商，协调市场关系，管理当地促销员，从而把公司的形象展现给对方，并最终完成销售任务（公司产品、服务的销售）。形象地说，厂家销售代表就是公司的"总说明书＋售货机"。

（二）厂家销售代表的工作职责

厂家销售代表是厂家与市场接触的第一线，是商家、厂家、消费者三者流通互动的基础平台，其建议和工作效率直接影响到厂家或公司的业绩。因此，厂家销售代表必须在工作中态度积极，并不断改良，让自己做得更好。其工作职责可以具体表述为下列内容。

1. 市场管理
(1) 开发经销商及零售商，推广公司产品。

(2) 完成/超越每月销售指标及零售目标。

(3) 协调经销商之间、零售商之间，以及经销商与零售商之间的贸易关系，出现问题及时解决。

(4) 做好市场管理及价格管理工作，出现问题及时反馈给销售经理/部长，并提出解决建议。

(5) 注意经销商及零售商的经营情况，避免因客户经营状况不佳导致公司的损失。

(6) 负责货款的及时回收，保持良好的资金流动。

(7) 配合经销商，做好货物的流动安排。监控运输、进仓、出仓等工作。

2．零售管理

(1) 配合经销商，进行零售网点的开发工作，提高公司产品的商场占据率。

(2) 配合经销商完成网点铺货的工作，并督促经销商按时按量送货，确保零售场不缺货。

(3) 根据公司制定的产品陈列指引，做好产品在柜台的陈列工作。保证产品及宣传品的整洁和及时更新。

(4) 与零售商保持良好的合作关系，维持良好的商场人际关系，包括与商场管理人员、财务人员、业务员及商场售货员的关系。

(5) 与经销商及零售商签订促销合同，执行促销，并监控活动的进展情况。促销期间保证促销品和产品的到位。

3．促销员管理

(1) 根据市场情况，提出派驻促销员的建议。

(2) 负责在当地招聘促销员，并对新促销员进行上岗培训，安排其进入商场工作。

(3) 做好促销员的工作管理，包括考勤、纪律、佣金及数据管理。

(4) 对促销员进行工作评估和及时的辅导。

4．信息管理

(1) 清晰填写，准时提交销售报表及其他市场信息报表。

(2) 培养市场意识，及时反映顾客意见及竞争对手发展动向。

(3) 密切注意经销商及零售商的经营状况，如有不良动向及时向销售部反映。

5．库存管理

(1) 做好产品库存管理工作，负责配合外仓进行进货、发货和理货的工作。

(2) 做好零售场的库存管理，及时督促经销商进行补货工作。

(3) 按时填报产品库存报表，向销售部报告产品库存情况。

6．其他

(1) 完成上级主管委派的其他工作。

(2) 服从公司的工作调配安排，遵守公司的规章制度。

(三) 厂家销售代表的工作守则

(1) 热爱公司，培养主人翁的创业精神。

(2) 积极开拓经销商和零售商网络,完成并超越公司业务目标。
(3) 遵守公司制度和业务纪律。
(4) 养成准时的工作习惯,包括遵守考勤纪律和遵守与客户约定的时间。
(5) 具有良好的工作及生活习惯,保持身体健康,禁止沾染恶习。
(6) 不断学习,掌握公司产品知识,特别是熟悉新产品。
(7) 积极参加公司的培训,并不断自我训练,提高销售技巧和业务水平。
(8) 以良好的态度对待公司的顾客,正确处理客户的投诉,并妥善解决。
(9) 不得有意或无意发表有损公司、产品或雇员形象的言论。
(10) 不得直接或间接向第三者透露顾客或经销商资料。
(11) 不得直接或间接透露公司雇员资料,如薪金、佣金等。
(12) 不得直接或间接透露公司业务、策略、销售金额或有关公司的业务秘密。
(13) 业务态度端正,不得接受任何与营业公司有业务关系的机构或人士的礼品或金钱。
(14) 未经总经理书面批准,任何人不得向与本公司有业务关系的机构或人士借款。
(15) 业务报表必须正确无误,严禁弄虚作假。
(16) 厂家销售代表必须专职为公司服务,在职期间不得有任何兼职活动。
(17) 凡厂家销售代表因工作欠佳或达不到公司所定要求,经公司提供培训及指导后,仍未有改善者,公司有权提前终止合约。

第一章
从销售经理处领取任务

一、推销员需明确的任务内容

(一) 负责的辖区

(1) 对所辖区域进行全面调查,根据已开发的客户资料、代理商的账本,以及按街、马路"扫街"的形式制定客户情况表。每个业务员至少要有 100 家客户。

(2) 客户情况表必须按区、街道、马路的名称、路牌号的大小顺序填写,并注明市口的好坏、商店的联系方式。

(3) 根据客户情况表所列客户,按街道、客户的市口情况和方式,制定出一个月内每周及每天的客户拜访行程和路线,每天拜访客户不少于 10 家。

(4) 根据周行程表计划工作一个循环后,对不合理的部分进行更改。

(二) 制订客户访问计划的原则

(1) 有利于让更多的产品在商店内出售。
(2) 有利于让公司的产品在商店中以最好的形象展示给顾客。
(3) 有利于让商店中的产品得到最大限度的宣传。
(4) 有利于让商店中采用推销员建议的价格出售产品。
(5) 有利于商店及分销商在财务往来上的通畅。
(6) 有利于帮助客户维持并发展其客户网络。

(三) 终端客户的各方面状况

建立以客户资料卡为核心的客户数据库是客户管理的基础,对客户的需求、经营等状况进行全面的调查研究也是客户管理的一项重要内容。

进行客户管理,必须建立客户资料卡,实行"建档管理"。"建档管理"是将客户的各项资料加以记录、保存,并分析、整理、应用,借以巩固厂商关系,从而提升经营业绩的管理方法。其中,客户资料卡是一种常用工具。客户资料卡的形式多种多样,但这种表格中的一些基本要求大多是共通的。大多数的跨国企业都对客户资料卡的操作有严格的要求,这是公司所有销售数据的来源,也是终端操作与管理的灵魂。

一套完整的客户资料卡数据链的建立,对营销网络的管理和维护都大有裨益,尤其是在新老厂家推销员变更交接的时候,这套客户资料卡可以使新的厂家推销员快速了解营销网络的发展状况,把握网络特点,使其进入工作角色。同时也能使推销员和商家的经营思路富有延续性,对于出现的问题能够及时地对症下药。另外,这个档案可以增加客户对推销员的信任,会把推销员对他们的认真负责当作双方长远合作的重要保障。

1. 客户资料卡的内容

客户资料卡通常包括基础资料、客户特征、业务状况、交易现状四个方面的内容,具体内容见表 1-1。

表 1-1　客户资料卡的管理内容

类　别	详细内容
基础资料	客户最基本的原始资料,主要包括客户的名称、地址、电话、所有者、经营管理者、法人代表及他们个人的性格、爱好、家庭、学历、年龄、创业时间、与本公司的起始交易时间、企业组织形式、业种、资产等
客户特征	主要包括服务区域、销售能力、发展潜力、经营观念、经营方向、经营政策、企业规模、经营特点等
业务状况	主要包括销售实绩、经营管理者和销售人员的素质、与其他竞争对手之间的关系、与本公司的业务关系及合作态度等
交易现状	主要包括客户的销售活动现状、存在的问题、保持的优势、未来的对策、企业形象、声誉、信用状况、交易条件及出现的信用问题等方面

2. 客户资料卡的填写和管理

销售人员第一次拜访客户后即开始整理并填写客户资料卡,随着时间的推移,销售人员应注意对其进行完善和修订,区域主管应协助和监督其做好客户资料卡建档工作。客户资料卡应妥善保存,并在开展业务过程中加以充分利用。客户资料卡的建档管理应注意下列事项。

(1) 是否在访问客户后立即填写此卡?
(2) 卡上的各项资料是否填写完整?
(3) 是否充分利用客户资料卡并保持其准确性?
(4) 区域主管会指导业务员尽善尽美地填写客户资料卡。
(5) 最好在办公室设立专用档案柜放置客户资料卡,并委派专人保管。
(6) 业务员每次访问客户前,先查看该客户的客户资料卡。
(7) 销售经理应分析客户资料卡的资料,并作为拟订销售计划的参考。

(四) 明确销售经理设定的销售计划和目标

销售经理设定的销售计划和目标包括销量目标(每月、每周、每天);根据周期拜访优先顺序确定商品陈列目标;收款目标;促销活动;分销的优先顺序;对新网点的目标。

设计和管理销售队伍的步骤

通常,销售队伍的建设包括销售队伍的设计、管理两个方面,详细内容见图1-1。

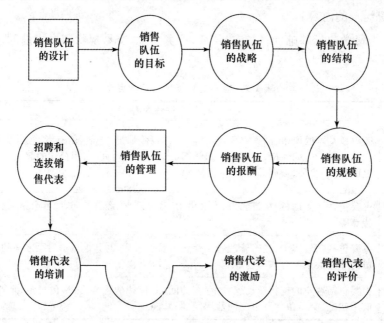

图1-1 销售队伍的建设

一、确定销售队伍的目标

销售代表所承担的是工作任务组合,除了销售之外(完成或超额完成销售定额),还将执行下述一个或几个特定的任务。

(1)寻找客户:销售代表负责寻找新客户或主要客户。

(2)传播信息:销售代表应能熟练地将公司产品和服务的信息传递出去。

(3)推销产品:销售代表要懂得"推销术"这门艺术——与客户接洽、向客户报价、回答客户的疑问并达成交易。

(4)提供服务:销售代表要为顾客提供各种服务——对顾客的问题提出咨询意见,给予技术帮助、安排资金融通、加速交货。

(5)收集信息:销售代表要进行市场调查和情报工作,并认真填写访问报告。

(6)分配产品:销售代表要对顾客的信誉做出评价,并在产品短缺时将稀缺产品分配给顾客。

许多公司对其销售队伍的目标和活动都有比较明确的规定。例如,某公司指示它的销售代表,要将80%的时间花在现有顾客的身上,20%的时间花在潜在客户身上;85%的时间用于推销既有产品,15%的时间用于推销新产品。如果公司不规定这样的比例,那么销售代表很可能会把大部分时间花在向现有顾客推销既有产品上,因而忽略新产品和新客户方面的工作。

此外,销售代表应该了解如何分析销售数据、测定市场潜力、收集市场情报、制定营销战略和计划。销售代表应当具备能够进行分析的营销能力,这一点对较高一级销售管理部门的人员来说尤其重要。营销人员相信,从长远观点来看,懂得市场的销售队伍将比懂得销售的销售队伍更为有效。

二、确定销售队伍的战略

为了获得客户的订单,公司之间相互竞争。公司必须策略性地运用其销售队伍,在适当的时间以适当的方式访问恰当的顾客,销售代表与客户接洽可用以下几种方式。

(1) 销售代表与顾客:一名销售代表亲自或通过电话与潜在顾客或现有顾客交谈。

(2) 销售代表对一群购买者:一名销售代表向客户采购组介绍产品。

(3) 销售小组对一群购买者:一个销售小组(如公司职员、销售代表和销售工程师)向一个客户采购组展示并介绍产品。

(4) 推销会议:销售代表和公司参谋人员同一个或几个顾客讨论存在的问题和相互的机会。

(5) 推销研讨会:公司一组人员向买主单位的技术人员讲述有关产品技术的发展状况。

今天的销售代表经常扮演"客户经理"的角色,安排购买机构与销售机构各种人员之间的联系。销售工作越来越需要进行集体活动,需要其他人员的支持配合。例如,高层管理当局,他们在交易过程中起着越来越重要的作用,特别是对全国性大客户和主要销售对象时尤其如此;技术人员在顾客购买产品过程中、购买前、购买后提供有关技术情况;顾客服务人员,他们在向顾客提供安装、维修和其他服务;办公室职员,包括销售分析人员、订单执行人员和秘书提供各种辅助服务。一旦明确了推销方法,便可以使用专职推销员或契约推销员。一支销售队伍由专门为公司推销的全日制或非全日制推销员组成。这个推销员小组包括在办公室利用电话处理的业务员、接受潜在买主访问的内部推销员和亲自旅行并访问顾客的现场推销员。契约推销员包括制造商、销售代表、销售代理商或经纪人,他们根据一定的销售额收取一定的佣金。

三、规划销售队伍的结构

销售队伍战略还包括如何组织销售队伍以对市场产生最大的影响,通常根据区域的大小和形状,由区域主管将销售代表派往组成区域市场的各地区单元,每个销售代表负责一个小单元。这样可以有很多好处,如责任明确、联系紧密、节省开支等。

另外,还有其他组织销售队伍的方法,如按产品结构组织销售队伍、按顾客结构组织销售队伍、组建复合的销售队伍结构等。

四、设计销售队伍的规模

确定了销售队伍的战略和结构,便可以着手考虑队伍规模。销售代表是公司极具生产力和最昂贵的资产之一。因为销售代表人数增加就会使销售量和成本同时增加。一旦确定了它利用销售队伍进入的顾客数目后,可以用"工作量法"来确定销售队伍的规模。"工作量法"来确定销售队伍规模的步骤如下。

(1) 按照年销售量将客户分成大小类型。

(2) 确定每类客户所需的访问次数(对每个顾客每年的推销访问次数),这反映了与竞争对手公司相比要达到的访问密度是多大。

(3) 每一类客户数乘以各自所需的访问数便是整个地区的访问工作量,即每年的销售访问次数。

(4) 确定一个销售代表每年可进行的平均访问次数,将总的年访问次数除以每个销售代表的平均年访问数即得所需的销售代表数。

例如,估计某区域有 100 个 A 类顾客和 300 个 B 类顾客。A 类顾客一年需要访问 36 次,B 类顾客需要访问 12 次。这就意味着公司在该区域每年需要一个进行 7 200 次访问的销售队伍。假设每个销售代表平均每年可以做 1 200 次访问,那么该地区需要 6 个专职销售代表。

五、设计销售队伍的报酬

为吸引高素质的销售代表,必须拟订一个具有吸引力的报酬计划。常用的几种报酬体系有以下几种。

(1) 纯薪金制:能够给销售代表稳定的收入,使他们更愿意完成非销售活动,并非用刺激来增加对客户的销售,使管理简化并降低了队伍的流动性。

(2) 纯佣金制:吸引了更好的销售代表,提供了更多的激励,减少了督导和控制了销售成本。

(3) 薪金佣金混合制:融合了前两种制度的优点,并减少了前两种制度的缺点。

六、招聘和选拔销售代表

(1) 通过恰当的途径进行招聘。通常的途径有销售代表引荐、职业介绍所、人才市场、刊登广告(报纸、电视、电台、互联网等)等招聘途径。

(2) 确定选拔标准。如能承受风险、具有强烈的使命意识、有解决问题的癖好、认真对待顾客、仔细做好每次访问等。为了达到公司的销售目标,必须考虑特定销售工作的特点。例如,该工作是否需要经常外出?销售代表是否会经常遭到客户的拒绝?

七、销售代表的培训

通过培训达到以下几个目标。

(1) 了解本公司并明白本公司各方面的情况,如公司的历史和经营目标、组织机构设置和权限情况、主要的负责人员、公司财务状况和措施及主要的产品与销量等。

(2) 通晓本公司的产品情况。包括产品制造过程及各种用途。

(3) 让销售代表深入了解本公司各类顾客和竞争对手的特点。销售代表要了解各种类型的顾客和其的购买动机、购买习惯;了解本公司和竞争对手的战略和政策。

(4) 销售代表要知道如何进行有效的推销展示。让销售代表了解推销术的基本原理;此外,公司还应为每种产品概括出推销要点,提供推销说明。

(5) 让销售代表懂得实地推销的工作程序和责任。销售代表要懂得怎样在现有客户和潜在客户之间分配时间,合理支配费用,如何撰写报告,拟定有效推销路线等。

八、销售代表的激励

由于工作性质、人的本性、个人问题等方面的因素作用,销售代表需要一定的鼓励和特殊的刺激,从而使其做出更大的努力。研究表明:最有价值的奖励是工资,随后是提升、个人的发展和作为某群体成员的成就感;价值最低的奖励是好感与尊敬、安全感和表扬;销售定额也是一种有效的激励因素;其他一些因素,如销售会议、销售竞赛等也是一些辅助性的激励因素。

九、销售代表的评价

获得销售代表工作成绩的信息的途径有销售报告、顾客的信笺及抱怨、消费者调查、同其他销售代表的交谈,以及个人观察。对销售代表工作成绩的评价通常包括以下几个方面。
(1) 现在与过去销售额的比较。
(2) 顾客满意度评价。
(3) 销售代表的品质评价。

二、对现有库存商品进行盘点

(一) 库存盘点的种类

库存盘点是企业财务会计的一项重要工作。常见的有如下几种盘点方法。

1. 定期盘点

定期盘点是指在资产负债表日将公司所有的存货都进行实物盘点。在进行这种盘点时,每个物料都必须被盘点到。因此在盘点时,整个仓库必须冻结物料的移动。

2. 持续盘点

持续盘点是在整个财政年度里,持续不断地对存货进行盘点。对于这种盘点,重要的是对于每一类库存来说,必须保证一年中至少被盘点到一次。

3. 循环盘点

循环盘点是指在一个财政年度中按一定的时间间隔进行实物盘点的方法。

4. 抽样盘点

抽样盘点是指在资产负债表日,系统按统计计算随机地选取一部分的库存进行盘点的方法。如果抽样盘点的结果和账面库存的差异足够小,就认为整个账面库存数是准确的。抽样盘点是以统计科学为基础,减少盘点工作量的一种方法。

(二) 库存盘点的步骤

1. 盘点前的准备
(1) 库房准备工作
① 库中所有商品必须密封,无散货。
② 库中所有商品必须在外向上标识盘点区域号码。
③ 库中的商品必须是同一商品(种类)放在一个位置。
④ 库中的商品必须在盘点的编号内。
⑤ 清理库中的空纸箱。
(2) 人员准备工作
① 盘点人员报到。
② 指定盘点主要管理人员。
③ 对盘点人员进行分组。
④ 盘点人员明确盘点责任区域。
⑤ 打印、发放盘点相关表单,并分发给负责盘点的人员(商品盘点通知单、盘点责任区

域分配表、商品日盘点表、商品月度盘点单、商品盘点执行报告、商品盘点总结报告等)[①]。

2. 盘点进行的步骤

第一步：收集仓库物品资料，填写盘点表。

这一步要求仓库人员与采购人员互相配合，对仓库的到货检验、入库、出库、调拨、移库移位、库存盘点等各个作业环节的数据进行记录，并填写在盘点表上，不但整理出仓库物品名称，而且要尽量使用物品名称的简化称呼。而且物品名称的明细程度要高，一般来说都有名称、规格型号、数量、颜色、价格等。

方法与要点：盘点可以两人一组进行，两人点数。如果所点的数字一样，则将此数字登记在商品盘点表的指定位置上；如果两人的点数不一致，必须重新点数。盘点的顺序要从左到右、从上到下。

盘点表上的货架编号只记录一种商品的品种，因此盘点表上的数据应该是该商品在该位置下的总数。库存盘点表由负责人分配，每人每次只能负责一个标号下的盘点表。完成后，再申请下一个编号的盘点表。

第二步：整理数据，分区分工。

一般企业仓库都有几大区域：包装用料、五金、办公用品、其他物品等，应将它们分区域管理盘点。保证仓库管理各个作业环节数据输入的效率和准确性，确保企业及时准确地掌握库存的真实数据，合理保持和控制企业库存。

方法与要点：应将物品名称归类、整理，制定出相应的编号、账页号、标识卡，将常用的物品放在仓库随时能取的地方。

第三步：现场规划。

根据仓库的空间大小，进行仓库规划，将仓库分区。充分利用空间，如，制作相应的货架，并且要考虑到仓库的最高库存量。现场规划不能忽视，虽然只是一个仓库规划，但如果规划得不理想，而空间足够，那就事小；如果到整理仓库、物品入仓摆放的时候才发现空间不够，那么，不但浪费了时间还浪费了人力。

方法与要点：重要、常用的物品先规划；体积大的物品应先考虑数量的多少；易燃、易爆、易发霉的东西要严格按照安全生产管理来规划。

第四步：整理仓库。

按照已划分好的区域、货架，将已经归类的物品对号入座，应在摆放物品时盘点数量，这样便于库存登记，而且这样可以省去再统计物品的时间。要求物品摆放整齐，名称、规格型号清晰，数量准确，最终将仓库整理一步到位。

第五步：建立台账。

根据盘点表中的数据，按照不同的物品名称建立仓库台账，细心登记每天仓库物品的出入库、结存情况；并严格控制单据的出仓、入仓、领料的填写，尽量控制漏单情况出现。

第六步：完善库存商品盘点的相关管理表单，上交到负责人手中。

完成的盘点表要统一上交到盘点负责人员手中，可以由负责人进行抽查，检查数据是否正确。

方法与要点：盘点表的审核包括书写清楚、规范、盘点表的页数正确等。

---

① 详见附录中的表单。

3. 盘点后的工作

盘点后，库房（各子仓库）中的所有商品全部封存，封闭式的仓库上锁，开放式的仓库用绳子封住，明确这是已经盘点的商品。

盘点后，所有的资料经过检查，符合完整、清楚、正确的标准，由盘点的小组人员将其封存于文件柜中。

三、按照商场/超市的要求对产品进行分拣、组配、发货

（一）分拣配货作业的目的

分拣配货作业的目的是正确而且迅速地集合客户所订购的货物。分拣配货作业的重点为准确、快速、低费，要达到目的，必须做到以下几点。

（1）选择适当的分拣设备。

（2）采取切实而高效的分拣方式。

（3）运用一定的方法策略组合，提高分拣效率，提升作业速度与能力。

（二）分拣配货的基本方式

分拣作业：就是将一批相同或不同的商品，按照不同的要求（送货点、客户），进行分门别类，以便进行后续的配送或者其他处理作业活动。

分拣配货作业：就是按各商场/超市的要求分拣，即根据接受订货这一商品流通活动，将商场/超市所需的商品从库存中挑选出来发货的业务。

分拣配货作业是不可分割的整体，通常是同时进行的。分拣配货是厂家很复杂、工作量很大的物流活动，尤其是在商场/超市多，品种规格多，而需求批量又小时，如果再加上需求频度很高，就必须在很短的时间内完成分拣配货工作。

1. 常用的作业方法

分拣配货作业常用的作业方法有拣选式配货、分货式配货和分拣式配货三种。

（1）拣选式配货——"人到货前"的分拣方法

① 定义：分拣人员或分拣工具巡回于各个储存点并将商场/超市所需货物取出，完成配货任务，货位相对固定，而分拣人员或分拣工具相对运动。

② 基本流程：储物货位相对固定，而分拣人员或工具相对运动。类似人们进入果园，在一棵树上摘下熟了的果子后，再转到另一棵树前摘果，所以被形象地称为摘果式或摘取式工艺。

③ 特点：拣选式配货可采用单一分拣法和摘果式分拣法，准确程度较高，一般较少发生货差等错误，并且机动灵活。

④ 分拣种类：按照分拣作业的操作方式，可以分为以下几种。

● 人工拣选。分拣作业由人来进行，人、货架、集货设备（货箱、托盘①等）配合完成配货作业。在实施时，由人一次巡回或分段巡回于各货架之间，按各商场/超市的需求拣货，直至

---

① 托盘（pallet）：用于集装、堆放、搬运和运输的放置，作为单元负荷的货物和制品的水平平台装置。作为与集装箱类似的一种集装设备，托盘现已广泛应用于生产、运输、仓储和流通等领域，被认为是20世纪物流产业中两大关键性创新之一。

配齐。

- 人工＋手推作业车拣选。分拣作业人员推着手推车一次巡回或分段巡回于货架之间，按商场/超市需求进行拣货，直到配齐。它与人工拣选基本相同，区别在于借助半机械化的手推车作业。
- 机动作业车拣选。分拣作业员乘车辆或台车为一个或多个商场/超市拣选。
- 传动运输带拣选。分拣作业人员只在附近几个货位进行拣选作业，传动运输带不停地运转，或分拣作业人员按指令将货物取出放在传动运输带上，或者放入传动运输带上的容器内。传动运输带运转到末端时把货物卸下来，放在已划好的货位上待装车发货。
- 拣选机械拣选。自动分拣机或由人操作的叉车巡回于一般高层货架间进行拣选，或者在高层重力式货架一端进行拣选。

(2) 分货式配货——"人到货"的分拣方法

① 定义：分货式配货的方法是分拣货架不动，即货物不运动，通过人力拣取货物。在这种情况下，分拣货架是静止的，而分拣人员带着流动的集货货架或容器到分拣货架，即拣货区拣货，然后将货物送到静止的集货点。这种分拣作业系统的分拣货架也是静止不动的，但分货作业区被输送机分开，故简称为货到皮带法。且由于商场/超市货位固定，分货人员和工具相对运动，分货式配货作业的分拣又被形象地称为播种式分拣方法。

② 基本流程：分货人员或工具从储存点集中取出各个商场/超市共同需要的货物，然后巡回于各商场/超市的货位之间，将货物按商场/超市需求量放在各商场/超市的货位上，再取出下一种共同需求商品，如此反复进行直至按商场/超市需求将全部货物取出并分放完毕。同时也完成各个用户的分拣配货工作。

③ 特点：分货式配货工艺是集中取出众多用户共同需要的货物，再将货物分放到事先规划好的配货货位上。这就需要若干用户有共同需求，形成共同的批量之后，分拣人员再对用户的共同需求进行统计，同时规划好各用户的配货货位进行集中取出，分放配货的操作。所以，这种工艺难度较大，计划性较强，容易发生错误。

由于这种工艺计划性较强，若干用户的需求集中后才开始分货，直到最后一种共同需要的货物分放完毕，各用户需求的配货工作才算完成。之后，同时开始对各用户进行装车送达工作。这样有利于车辆的合理调配，合理使用配送路线，便于综合考虑，统筹安排，发挥规模效益。

④ 分拣种类。分货式的作业有以下几种方式。

- 人工分货。在货物体积较小、重量较轻的情况下，人工从普通货架或重力式货架上一次取出若干分店共同需求的某种货物，然后巡回于各分店配货货位之间，将货物按分店订单上的数量进行分放。完成后，再取第二种货物，如此反复直至分货完成。适合人工分货的有药品、钟表、化妆品、小百货等。
- 人工＋手推作业车分货。分拣作业人员利用手推车至一个存货点，将各分店共同需求的某种货物取出，利用手推车的机动性可在较大范围巡回分放。
- 机动作业车分货。用台车、平板作业车一次取出数量较多、体积和重量较大的货物，有时可借助叉车、巷道起重机一次取出单元货载，然后由分拣作业人员架车巡回分放。
- 传动运输带＋人工分货。传动运输带一端和货物储存点相接，另一端分别同分店的配货货位相接。传动运输带运行过程中，一端集中取出各用户共同需要的货物，置于运输带上运输到各分店货位,另一端的分拣作业人员取下该货位分店所需之货物。这种方式一般同重力式货架相配合,而且传动运输带不宜过长。

● 分货机自动分货。这是现代化高技术的作业方式。自动分货机是新建的现代化配送中心的主要设备,分货机在一端取出多分店共同需求的货物。随着分货机上运输带的运行,按计算机预先定的指令,在与分支机构连接处自动打开出口,将货物进入分支机构,分支机构的终点是分店集货货位。有时配送车辆直接停在分支机构的终端,将所分货物直接分货装车,进行配送。

(3) 分拣式配货——"货到人"的分拣方法

① 定义:分拣式配货的作业方法是人不动,托盘(或分拣货架)带着货物来到分拣人员面前,再由不同的分拣人员拣选,拣出的货物集中在集货点的托盘上,然后由搬运车辆送走。

② 基本流程:闭环"货到人"分拣方法中载货托盘(即集货点)总是有序地放在地上或搁架上,处在固定位置。输送机将托盘(或分拣货架)送到集货区,分拣人员根据拣货单拣选货架中的货物,放到载货托盘上。然后移动分拣货架,再由其他的分拣人员拣选,最后通过另一条输送机,将拣空后的分拣货架(拣选货架)送回。

2. 按照分拣作业适用的商品划分

分拣作业类型见表 1-2。

表 1-2 分拣作业类型

分拣种类	定 义	特 点	适用场合
订单拣取	订单拣取是针对每一份订单,分拣人员按照订单所列商品及数量,将商品从储存区域或分拣区域拣取出来,然后集中在一起的拣货方式	作业方法简单,接到订单可立即拣货,作业前置时间短,作业人员责任明确。但对于商品品项较多时,拣货行走路径加长,拣取效率较低	适合订单大小差异较大,订单数量变化频繁,商品差异较大的情况,如化妆品、家具、电器、百货、高级服饰等
批量拣取	批量拣取是将多张订单集合成一批,按照商品品种类别加总后再进行拣货,然后依据不同客户或不同订单分类集中的拣货方式	可以缩短拣取商品时的行走时间,增加单位时间的拣货量。同时,由于需要订单累计到一定数量时,才做一次性的处理,因此,会有停滞时间产生	适合订单变化较小,订单数量稳定的配送中心和外形较规则、固定的商品出货,如书籍
复合拣取	为克服订单拣取和批量拣取方式的缺点,配送中心也可以采取将订单拣取和批量拣取组合起来的复合拣取方式	—	复合拣取即根据订单的品种、数量及出库频率,确定哪些订单适应于订单拣取,哪些适应于批量拣取,分别采取不同的拣货方式

(三) 分拣配货作业工作的一般步骤

(1) 当配送管理部门接到订单后,首先由管理人员进行订单分析处理,将配送需求指示转换成配货单。

(2) 向有关的作业人员传递下达配货指令。

(3) 配货作业人员根据配货单上的内容说明，按照出货优先顺序、储位区号、配送车辆次号、客户号、先进先出等方法，把出货商品分拣、组配、整理出来。

(4) 经复核人员确认无误后，将出货商品放置到暂存区，准备装货上车。

(四) 订货、收货和发货

1. 商场/超市订货、收货的基本流程

(1) 订单生成的过程

通常情况下，零售企业的商业软件系统每天在日结以后，根据库存、安全库存量来确认商品是否需要订货，当门店或者企业的商品现有库存低于安全库存量，则自动生成商品订货通知单。零售企业的采购买手或者采购助理根据商品订货通知单进行相应的修正表单数据，当然在理想的状态下，此时可以不用修改，直接审核后生成商品订单。但是目前国内的连锁零售企业一般是很难做到完全使用自动订货系统来完成商品的订货流程的。

同时，连锁零售企业还有一种辅助生成商品订单手工订货的方式。由于门店临时性的团购或者自动订货不准确，有时会发生遗漏，此时就产生了商品补货通知单，该单据的产生发起于门店的柜组长，经过采购买手审核后录入生成商品订单。

这两种方式分别是"推式订货"和"拉式订货"。随着连锁零售企业管理水平的不断发展，这两种订货方式我们更多的是推荐使用前者，后者只是辅助。

(2) 商品订单的信息说明

当零售企业的软件系统生成商品订单之后，零售企业会通过传真、互联网、电话通知或者厂家/供应商上门收取等方式，将商品订单传递给厂家/供应商。此时，厂家/供应商将会面对一张书面的商品订单。商品订单包含的信息比较多，大致包括厂家/供应商信息（厂家/供应商名称、电话、地址、联系人、传真号等）、送货地信息（送货地是门店还是配送中心，还是中转仓库等，送货地的电话、地址、联系人等）、订货单商品信息（商品在系统中的编号、商品条形码、商品名称、订货单位、订货规格、订货数量等）。有些订单信息还会显示该厂家/供应商的结算信息（结算方式或者结算周期等）、采购买手信息（采购的部门、买手姓名、买手联系电话等）。

在上面的订单中，我们会看到一些订单信息，厂家/供应商应当注意以下信息。

① 商品订货的有效周期。厂家/供应商必须在有效期（有效期通常在10天左右，最长不超过30天）内生成，不能早送或者晚送。早送或者晚送都会无法收货，因为在商业软件系统中还没有启动该订单或者已经取消该订单，所以厂家/供应商一定要在有效期内送货。

② 要了解商品订单的类型。该类型包括以下几种。第一种订单叫作一次性订单，即厂家/供应商只能使用一次订单，不论订单商品是否送够都不能继续使用，这种订单在我们的日常订货过程中比较常见，也是一种比较准确的订货方式。第二种订单叫作多次订单，即在有效期内，订单上的商品数量或者种类还没有送齐全，都可以继续使用该订单，但是该种订单容易导致订货不准确，可能会形成采购买手的工作依赖性（一次下达一个大的订单，可能会造成库存过大，订货不准确）。第三种是永续订单，这种订单实际是一种特殊的多次订单，它的有效期更长，没有数量限制，主要用于生鲜商品的订货。第四种是我们经常会听到商场/超市说的紧急订单，这种紧急订单往往是由于门店产生团购或者某种商品突发性的畅销导致商品断货。这种紧急订单对于商场/超市来说产生的方式不同，在订单类型上通常表现为一次性订单。

③ 有些商场/超市的订单上会有配送模式。该配送模式主要包括商品直送、商品直通、商品配送三种：直送是厂家/供应商直接将商品送到门店；商品直通是配送中心帮助厂家/供应商将商品送到门店；配送是指厂家/供应商将商品送到配送中心，由配送中心进行分装，配送给门店。这几种模式的主要不同体现在送货地和货物验收地不同上。通常情况下，直送门店或者直通的主要是生鲜类商品或者商品保质期较短的商品，这样有助于保证商品的新鲜品质。配送类商品多为日常用品或者保质期相对较长的商品，以及需要二次封装的商品。

④ 在商品订单中还有一些联系信息。这些信息主要是为了在收货过程中若有什么变更信息需要沟通时联系使用。

⑤ 在订货信息栏目中，商品编码是厂家/供应商商品在零售企业软件系统中的商品编号；订货规格是商品订货时候的规格。因为在商场/超市的系统中有时会存在订货规格、配送规格、销售规格，这三种规格往往是不一样的。所以该订单信息通常反映的是订货规格。

⑥ 在订单中的进价栏目中一般是没有显示的，只有生鲜类商品是需要显示的。因为生鲜类商品每日的进价都有可能不同，所以为了便于系统核算和厂家/供应商送货，有时会显示商品的进价信息。

⑦ 对于赠品性质的商品一般有两种处理方式，一种是直接在商品订单中显示赠品数量；另外一种会出现商品进价，显示为 0.00 元，这就标明该商品为赠品。这种赠品通常是采购与厂家/供应商在采购谈判中协商好的。例如，购进某种包装的商品每 10 箱送 1 箱，订单正式收货商品为 10 箱，另外会有 1 箱是进价为 0.00 元的赠品订单。但是由于该商品也是属于门店正常销售的商品，所以要在订单中显示并记载入库存而参与商品的正常销售。而某些商品是属于小礼品方式的赠品，一般会在备注中标明数量，这些礼品不属于商品类型，也就不会计入商品的正常库存。

⑧ 每一种商品最后的备注栏有时会记录一些商品的描述。例如，××空调一个主机配有一个室外机，甚至三脚架等，这些都是收货时需要查验的项目。

⑨ 另外，有时商品订单信息的备注栏目会记录商品的换货信息或者退货信息，有些商场/超市也会单独产生退货单或者换货单。如果同时存在退换货单据，商场/超市的收货部门一般会要求厂家/供应商优先处理换货和退货，这些工作结束以后才开始进行正常的收货流程，所以厂家/供应商应当注意。

（3）收货预约

看清楚了商场/超市发送的商品订单后，厂家/供应商此时需要决定的是什么时候送货，送多少货，怎么送货，以及由谁送货，这些都是属于收货预约的过程。该过程在很多中小型企业省略掉了，但对于某些大型零售企业每天需要面对上百个厂家/供应商的收货业务，所以为了能够将收货工作安排得井然有序，这些工作还是需要做的。

大型连锁超市、门店的预约收货的原则有以下几个。

① 普通订单由厂家/供应商在网上或者电话联系选择送货时间，未按照时间表送货的则由验收主管根据具体情况决定是否收货。

② 信息系统根据订单送货日及订单有效期确定可选择的送货日期范围。

③ 根据门店每日可选择的送货时间段提供送货时间选择，其中扣除配送收货的固定预约时间段。

④ 系统设定门店每个时间段最多可接待的厂家/供应商数目。

⑤ 厂家/供应商根据预定时间的先后顺序优先选择送货时间段。
⑥ 一个厂家/供应商不能够同时选择多个送货时间段。
⑦ 紧急订单、配送商品及生鲜商品可不受到货时间的限制，一律优先收货。
⑧ 采购买手在月末根据厂家/供应商当月送货的整体情况进行评估，并做出处理决定。

（4）收货过程

当完成了预约收货过程之后，厂家/供应商下一个面对的将是商场/超市的收货过程。厂家/供应商进入零售门店或者配送中心时，有些需要填写出入证，之后厂家/供应商到收货部的接待处，由收货部文员按照厂家/供应商提供的商品订单打印出商品验收单。在这里，收货部文员会检查商品订单的有效期，并在系统中查询此单据商品是否已经验收等情况。

（5）商品验收、质量检验

随后，收货部将会安排收货员对商品进行验收，其验收的标准主要为以下几点。

① 商品品质。

- 品名：收货员检查商品品名是否清楚，核对商品品名与验货清单上的商品描述是否一致，着重检查销售单位包装的描述。
- 条形码：抽取一个销售单位商品扫描的条形码，核对系统界面所显示的商品描述和商品品名是否一致。例如，系统界面显示"条形码非法"字样则需加贴店内码。
- 克重：检查商品实际克重与系统界面所显示的商品克重描述是否一致。
- 保质期：检查商品是否已过保质期或将要到保质期。
- 中文标识：检查进口商品上的中文标识，若无中文标识，收货员应拒收。
- 防伪标记：检查特殊商品的防伪标记，收货员应拒收假冒商品，如烟、酒等商品。
- 说明书：检查家电等商品的使用说明书。
- 检验合格证：检查商品是否带有质量检验合格证或卫生检验合格证。

② 食品类。

- 罐头食品：凹凸罐，外壳生锈，有刮痕，有油渍等。

腌制食品：包装破损，有液汁流出；有腐臭味道；液汁浑浊或液汁太少；真空包装已漏气。

- 调味品：罐盖不密封；有杂物掺入；包装破损潮湿；有油渍。
- 食用油：漏油；包装生锈；油脂混浊不清；有沉淀物或泡沫。
- 饮料类：包装不完整，有漏气；有凝聚物或其他沉淀物；有杂物、凹凸罐。
- 糖果饼干：包装破损或不完整；内含物破碎、受潮；有发霉现象。
- 冲调饮品：包装不完整，有破损，凹凸罐；内含物因受潮成块状；真空包装漏气。
- 米及面食：内含物混有杂物；内含物受潮、结块；内含物生虫或经虫蛀；内含物发芽或发霉。

③ 百货类。

商品有破损、断裂、划伤；外表有油渍不净者；商品有瑕疵。

④ 冷冻食品。

注意解冻商品是否有软化现象，若有则表示此商品温度过高，有变质的可能；商品形状应完整，颜色正常，不能有破碎、变色情形发生。

⑤ 加工肉品。

商品不应发黑无光泽;商品过白的则表示可能有漂白剂存在。

⑥ 冷藏食品。

奶制品不应颜色混浊、有沉淀物、结块;豆制品不应发霉,有酸臭味及黏液。

以上商品的送货日期请送货厂商严格执行,超出商品允收期限的情况,收货部有权予以拒收处理。

(6) 商场/超市的收货规则

① 门店对于非生鲜称重商品收货遵循以下规则。对厂家/供应商收货,需采用收验分开的原则,有单独的检验员检验商品数量及质量;贵重商品,理货组与柜组交接时必须再次进行点验才能将商品拉入到销售区;对一般商品,理货组与柜组交接时可由柜组直接拉入到销售区。

② 总部营运标准部门需要制定以下非生鲜称重商品验收规范:商品类别、商品验收标准、商品验收办法、商品验收的抽样要求。

③ 生鲜称重商品收货遵循以下规则。

生鲜商品收货由生鲜组人员负责质量检验,由收货员负责数量检验,双方共同验收,只验收一次;生鲜商品优先收货,且必须在中午12:00之前录入完毕。

④ 赠品的验收遵循以下规则。

如赠品与商品相同,采购部需要单独下成本为0.00元的赠品订单,理货组即可根据赠品订单按照正常商品的验收流程进行验收;如赠品属于非商品,则可以采取以下两种方式之一:

● 由采购部要求厂家/供应商将赠品与商品捆绑在一起,且在赠品上贴"赠品"签,理货组即可根据订单按照正常商品的验收流程进行验收;

● 由厂家/供应商在销售区外单独发放赠品,不需收货。

(7) 赠品的收货程序

赠品A:明确标记是"非卖品"或"赠品",此类商品赠品一般不经过"赠品发放处"分发,而是与商品一同捆绑销售。此类赠品随同其商品执行正常收货程序。

赠品B:能明确识别是非商场的商品,如"×××"的手表等,此类商品一般由精品柜的员工或促销员分发,不通过"赠品发放处"派发。

赠品C:"买几搭赠"的商品,赠品与商品捆在一起,且赠品无条形码或条形码在本超市系统中无效,赠品不执行收货程序。

赠品D:"买几搭赠"的商品,赠品与商品捆在一起,且赠品的条形码在本超市系统中有效,赠品不执行收货程序,但赠品的条形码必须覆盖至无法扫描。

赠品E:销售某商品而给予的赠品,赠品与商品不捆在一起,且不属于A与B,则收货部执行点数程序,书面记录赠品的数量、贴赠品标签,并转交客服部的"赠品发放处"。

赠品F:厂家/供应商不是为商品促销而赞助超市的赠品,如条幅、灯笼等。非商场销售的商品,不执行点数程序,商场有类似商品销售的,贴赠品标签,转交企划部。

赠品G:厂家/供应商额外提供给超市部分商品作为赠品。例如,每采购100箱可乐,则免费赠送1箱可乐。此赠品必须执行系统收货程序,收货数量是101箱,但标明1箱是免费的。

(8) 商场/超市的收货须知

厂家/供应商在与商场/超市的收货人员共同验收了商品之后,该手工验收单会交给收货部文员录入电脑,收货部文员打印出一式四联的收货确认单或者叫作商品验收单,该单据分别交由厂家/供应商、收货部、财务部、营运部备案。厂家/供应商需要再次确认该单据是否正确无误,因为该单据将会影响到以后的账务结算,所以这个单据是至关重要的,切记不要遗失或者损毁。有些零售企业对于厂家/供应商丢失这些单据的惩罚是比较重的。

随后,厂家/供应商按照合同约定,持收货确认单单据与零售企业账单部对账,或者有些零售企业会将账务公布在自己的内部网上以供核对,在无误情况下,便进入零售企业对厂家/供应商的结算过程。

2. 厂家/供应商发货的基本流程

厂家/供应商发货的基本流程见图1-2。

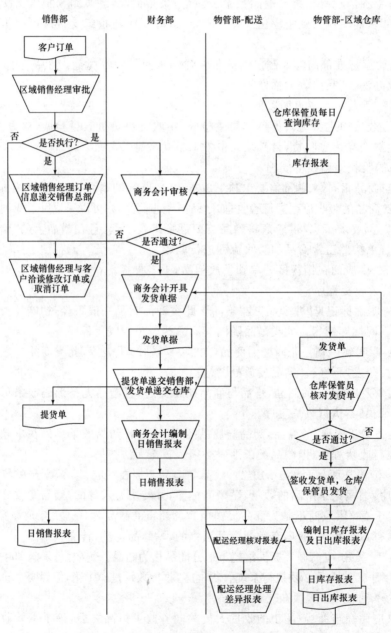

图1-2 厂家/供应商发货的基本流程

为了对发货流程中的细节进行更好的控制与管理,避免出现一些不必要的问题,企业还应注意遵循一定的货物发放原则,建立较完善的发货管理制度。

3. 厂家/供货商货物发放的基本原则

(1) 任何人提取成品时,必须有营业部打印的出库单。

(2) 成品库的库管员凭经审批的出库单、发货单发放成品,发放时应做到:

① 认真核对出库单、发货单的各项内容,凡填写不齐全、字迹不清晰、审批手续不完备的不得发放。

② 发放时,应认真核对实物的品名、型号和数量,符合出库凭证要求的才能发放。

③ 发放完毕,库管员应对出库单、发货单进行审核,单据应妥善保管。

④ 发放时,若产品标识破损、字迹不清,应重新制作出标识后发放。

⑤ 同一规格的成品应按"先进后出"的原则进行发放。

知识补充

出库单和发货单的区别

出库单的目的是为了更新仓库的账面数,发货单是仓库用来发货的凭据。

在很多企业都是只用一个;也有的企业是分开的,因为有的时候出库单上的品种很多或数量很大,要拆分成几个发货单来分别发货。

一般来说,发货单和出库单是有紧密的联系的,在软件中可以用下推或者关联的方式来处理,从一个单据来生成另外一个单据,避免重复录入。

发货单是指厂方推销员将某笔货(如数量为10件A)出售而写的单,他所管的账A就少了10件,注意:这是厂方推销员的业务账。出库单是指客户将这笔货提走,而要开的单,客户要签收确认的,这个单对应的账是仓库保管员的实物账,每月底,业务账与仓库账要互相核对,如果不符,就要审查到底是哪边出了问题。其实,很多企业都是打一个多联单,其中有业务联(厂方推销员)、客户联(客户)、提货联(仓库)、财务联(收款处)等,客户在提货时,仓库就是凭提货联(仓库)给企业提货,并以此登记仓库的实物账。

例如,如果有多个客户同时需要某产品A,仓库填写的出库单即为A的合计数,那么只需要一张出库单就可以了。而对于每个客户而言,只需要另外再填写发货单即可。

4. 发货管理制度

(1) 注意事项

① 物料管理科接到商品订货通知单时,经办人员应依据产品规格及订货通知单编号的顺序列档,内容不明确时应及时反馈给业务部门并由其确认。

② 因客户的业务需要,收货人非订购客户或收货地点非其营业所在地的,依下列规定办理。

● 若经销商的订货、交货地点非其营业所在地,其订货通知单应经业务部主管核签,方可办理交运。

● 收货人若为非订购客户应有订购客户出具的收货指定通知方可办理交运。

● 物料管理科接获订货通知单才能发货,但有指定交运日期的,依其指定日期交运。

● 订制品(计划品)在客户需要日期前缴库或订货通知单注明"不得提前交运"的,物料管理科若因库位问题需提前交运时,应先联络业务人员转告客户并经其同意,且收到业务部门的出货通知后才能提前交运。若系紧急出货时,应由业务部主管通知物料管理科主管先予交运,再补办出货通知手续。

● 未经办理缴库手续的成品不得交运,若需紧急交运时需于交运同时办理缴库手续。

● 订制品交运前,物料管理科如接到业务部门的暂缓出货通知时,应立即暂缓交运,等收到业务部门的出货通知后再办理交运。紧急时可由业务部门主管先以电话通知物料管理科主管,但事后仍应立即补办手续。

● 成品交运单填好后,须于订货通知单上填注日期、成品交运单编号及数量等以了解交运情况,若已交毕结案则依据流水号顺序整理归档。

(2) 承运车辆调派与控制

① 物料管理科应指定人员负责承运车辆与发货人员的调派。

② 物料管理科应于每日下午4点以前备妥第二天应交运的成品交运单,并通知承运公司调派车辆。

③ 如承运车辆可能于营业时间外抵达客户交货地址者,成品交运前,物料管理科应将预定抵达时间通知业务部门转告客户准备收货。

(3) 内销及直接外销的成品交运

① 成品交运时,物料管理科应依据订货通知单开立成品交运单,由业务部门开立发票,客户联发票核对无误后寄交客户,存根联与开剩的发票于下月2日前汇送会计部门。

② 订货通知单上注明有预收款的,于开立成品交运单时,应于预收款栏内注明预收款金额及发票号码。分批交运的,其收款以最后一批交运时为原则,但订货通知单内有特殊规定的,从其规定。

③ 承运车辆入厂装载成品后,发货人及承运人应于成品交运单上签章,第一、二联经送业务部核对后,第一联由业务部存放;第二联由会计核对入账;第三、四、五联交由承运商于出货前核点无误后才能放行。经客户签收后,第三联送交运客户,第四、五联交由承运商送回物料管理科,把第四联送回业务部依据实际需要寄给交运客户;第五联由承运商持回,据以申请运费;第六联由物料管理科自存。

(4) 客户自运

① 客户要求自运时,物料管理科应先联络业务部门确认。

② 成品装载后,承运人于成品交运单上签认。确认订购产品名称、生产厂家、产品信息:版本/型号、订货数量、单价、总金额、要求到货日期、收货人、联系电话、收货地址。

(5) 收货

在收货过程中,需厂家/供货商、财务仓库人员、销售部员工三方在场,方可收货(否则不能收货)。收货人核实收货单据,并核对商品品名、数量、质量与收货单据是否相符,确定无误方可签名。

第二章
与卖场采购主管、营运主管的沟通

一、一般超市的进店流程

一般超市的进店流程见图 2-1。

对厂家/供应商资格的审查 → 洽谈合同(采购) → 下订单 → 货物进场 → 质量控制 → 付款

图 2-1　一般超市的进店流程

二、与卖场采购主管的协调与沟通

采购主管的主要工作内容见表 2-1。

表 2-1　采购主管的主要工作内容

项　目	内　容
商品	① 确定适合本公司市场定位的商品组合 ② 新商品的引进 ③ 畅销及滞销商品的分析和处理 ④ 促销计划(快讯、店内促销等)及活动 ⑤ 季节商品的计划 ⑥ 销售排行榜的分析 ⑦ 退货的控制管理及处理 ⑧ 商品进销存的控制、管理 ⑨ 对缺货原因了解、处理、追踪 ⑩ 市场调查、竞争者动态
供应商	① 新供应商的筛选与引进 ② 促销计划(快讯、店内促销等)安排及谈判 ③ 确定能配合本公司运作的有实力的供应商 ④ 向供应商争取最有利的交易条件

续表

项　目	内　容
绩效	① 每日、每月业绩及毛利达成率的预估 ② 业绩及毛利达成的行动 ③ 业绩及毛利的达成状况分析 ④ 其他收入指标的达成 ⑤ 促销效果的分析、总结 ⑥ 团购业务
人力	① 采购助理及露面主管、人员的培训 ② 采购助理工作的安排 ③ 采购助理的出勤、排班、考核
资讯	① 各种资讯、(协议、合同、参考资料等)的收集存档 ② 各种报表的阅读、分析及存档 ③ 各种表格的正确使用及控制、管理
卖场沟通	① 各种销售状况的分析 ② 商品陈列、组合结构的调整 ③ 促销活动的协商、通知及总结 ④ 相关信息(市场报告、竞争者、退货、缺货、季节商品等)

注：本职位人员必须确保采购助理人员不在公司的时候，能独立运作。采购助理将做短期的决定，这些决定以不影响毛利及商品组合为原则。同理，当采购助理不在公司的时候，本职位人员也应负责例行公事。

其他事项包括以下几点。

(1) 本职位人员所必须做的许多重要的决定，都是以良好的普通常识及逻辑判断为依据的。

(2) 本职务说明不可能涵盖所有的事项，本职位人员应执行由采购经理在任何时间所指派的任何公务。

(3) 与卖场的充分沟通与密切配合的合作关系，是本职位成功的必要条件。

(4) 采购人员成功的要素有下列 7 项，本职位人员应确实做好。这 7 项即操守廉洁、掌握市场、精打细算、积极认真、创新求新、适应性强、团结合作。

知识补充

采购的相关知识

商品采购是商场主要业务活动之一。为了保证企业采购到适销对路的商品，商场必须了解采购过程，做好采购业务决策，加强对商品采购过程的监督，确保采购工作的圆满完成。

为了科学地组织商品采购，商场必须根据自身状况，建立相应的采购机构；根据商品经营范围、品种，形成商品经营目录；确定采购渠道；进行进货洽谈、签订订货合同；完成商品检验与验收活动。

（一）建立相应的商品采购机构

商场的商品采购机构有两种。

一种是正式的采购组织，专门负责商品采购工作，人员专职化。设立正式的采购部门，采购工作专业化，可以统一规划商品采购工作，人员职责、权限明确，便于提高工作效率，加强与供货单位的业务联系。

另一种是非正式的采购组织，企业不设专职采购部门，由销售部、组负责商品采购工作。非正式采购组织一般不设专门采购人员，而由销售人员兼职从事商品采购。非正式采购组织由销售人员参与采购，便于根据市场商品销售确定采购活动，使购销紧密连接，但不利于对采购工作的统一控制管理。

（二）制定商品经营目录

商品经营目录是商场或商品经营部（组）所经营的全部商品品种目录，是商场组织进货的指导性文件。商场制定商品经营目录，是根据目标市场需求和企业的经营条件，具体列出各类商品经营目录。借以控制商品采购范围，确保主营商品不脱销，辅营商品花色、规格、式样齐全，避免在商品采购上的盲目性。

商场的商品经营目录并不是一成不变的，也根据市场需求变化和企业经营能力适时进行调整。调整中可依据商品销售数据分析哪些种类的商品销售下降，如果较长时间内无销售记录，可逐渐筛选淘汰。例如，有些商品销售上升，可适当增加经营品种和采购数量。商场还应经常开展市场调研预测：分析市场需求变化趋势；了解新产品开发情况；根据企业条件，增加市场前景好的商品经营。在深入研究市场发展变化，总结自身经营状况的基础上，适时调整商品经营目录，是商场改善经营的重要手段。

（三）合理选择采购渠道

商场采购渠道多种多样，如何从中进行选择呢？我们换个角度来分析。商场的供货渠道可以分为三个方面：一是企业自有供货者；二是原有外部供货者；三是新的外部供货者。

1. 企业自有供货者

有些商场自己附设加工厂或车间，有些企业集团设有商品配送中心。这些供货者是商场首选的供货渠道。

商场按照市场需要，组织附属加工厂加工或按样生产，自产自销，既是商品货源渠道，又有利于形成企业经营特色。有些商品，如时装、针纺织品、鞋帽，市场花色、式样变化快，从外部进货，批量大、时间长，不能完全适应市场变化。而从加工厂或车间加工定做，产销衔接快，批量灵活。有些商场加工定做的时装品牌也有较高的知名度和市场影响，成为吸引客流、扩大销售的有力手段。

2. 原有外部供货者

商场与经常联系的一些业务伙伴，经过多年的市场交往，对这些单位的商品质量、价格、信誉等比较熟悉，对方也愿意与商场合作，遇到困难相互支持。因此，这些单位可成为商场稳定的商品供应者。

商场稳定的外部供应者来自各个方面，既有生产商，又有批发商，还有专业公司等。在选择供货渠道时，原有的外部供货者应优先考虑，这一方面可以减少市场风险；另一方面又可以减少对商品品牌、质量的担忧，还可以加强协作关系，与供货商共同赢得市场。

3. 新的外部供货者

由于商场业务扩大，市场竞争激烈，新产品不断出现，企业需要增加新的供货者。选择新的供货者是商品采购的重要业务决策,要从以下几个方面做比较分析。

(1) 货源的可靠程度。主要分析商品供应能力和供货商信誉。包括商品的花色、品种、规格、数量能否按商场的要求按时保证供应,信誉好坏,合同履约率等。

(2) 商品质量和价格。主要是供货商品质量是否符合有关标准,能否满足消费者的需求特点,质量、档次、等级是否和商场形象相符,进货价格是否合理,毛利率高低,消费者能否接受预计销售价格,销售量能达到什么水平,该商品初次购进有无优惠条件、优惠价格等。

(3) 交货时间。采用何种运输方式,运输费用有什么约定,如何支付,交货时间是否符合销售要求,能否保证按时交货。

(4) 交易条件。供货商能否提供供货服务和质量保证服务,供货商是否同意商场售后付款结算,是否可以提供送货服务和现场广告促销资料和费用,供货商是否利用本地传播媒介进行商品品牌广告宣传等。

为了保证货源质量,商场商品采购必须建立供货商资料档案,并随时增补有关信息,以便通过信息资料的比较对比,确定选择供货商。

(四) 购货洽谈、签订合同

在对供货商进行评价选择的基础上,采购人员必须就商品采购的具体条件进行洽谈。在采购谈判中,采购人员要就购买条件与对方磋商,提出采购商品的数量、花色、品种、规格要求,商品质量标准和包装条件,商品价格和结算方式,交货方式。交货期限和地点也要双方协商,达成一致,然后签订购货合同。一项严谨的商品采购合同应包括以下几个主要内容:① 货物的品名、品质规格;② 货物数量;③ 货物包装;④ 货物的检验验收;⑤ 货物的价格,包括单价、总价;⑥ 货物的装卸、运输及保险;⑦ 贷款的收付;⑧ 争议的预防及处理。

签订购货合同,意味着双方形成交易的法律关系,应承担各自的责任义务。供货商按约交货,采购方支付货款。

(五) 商品检验、验收

采购的商品到达商场或指定的仓库,要及时组织商品的验收工作,对商品进行认真检验。商品验收应坚持按采购合同办事,要求商品数量准确,质量完好,规格包装符合约定,进货凭证齐全。商品验收中要做好记录,注明商品编号、价格、到货日期。验收中如发现问题,要做好记录,及时与运输部门或供货方联系解决。

三、与超市主管的洽谈与协调工作

厂家推销员还要在营运过程中积极地与超市主管进行沟通。包括商品管理(质量、种类)、陈列管理、库存控制管理和销售管理(销售计划、策略制定、人员培训、销售业绩管理等)。

四、转店/拜访前的准备工作

(1) 固定路线,按照固定的路线拜访客户。

这项工作通常要使用的工具是跑店路线安排和地略图。跑店路线安排是用来填写一周的固定拜访路线的,地略图则是显示各个商场/超市在地理上的位置。按照固定路线拜访客户的好处在于,能让客户在固定时间看到销售代表成为一种习惯,这种习惯对于商场/超市安全库存的准备也是大有好处的。

(2) 合理安排,考虑到地理位置和商店负责人的时间。

地略图是为了合理地安排跑店路线。除此之外,商店负责人的工作时间也是我们需要考虑的。如果这个商场/超市有驻店促销人员,那么他们的工作时间我们也需要考虑在内。如果我们有新品需要分销、陈列、改进,这些都需要在商店负责人的工作时间内和他们进行协商。了解他们的工作时间也是在设计拜访路线时的一项重要工作。

(3) 电话预约,利用电话提高拜访效率,避免负责人不在。

简单的理货和陈列工作不一定需要负责人在场,但如果是要和商店做一个促销活动的谈判,厂家推销员就必须确保负责人在场。仅了解负责人的工作时间还不够(因为可能出现调休、病假等意外情况),厂家推销员还需要事先电话预约一下。这种行为一是确认时间,二是表示对对方的尊重。

(4) 设定拜访目标。

有目的地跑店是一个厂家推销员良好工作习惯的表现。如果是初次拜访,厂方推销员要尽快熟悉进店谈判的内容;如果不是初次拜访,推销员则要带好上次的拜访记录和陈列进度表,并且明确这次的拜访目标。推销员的目标是要分销新的产品,还是增加陈列面[①]? 这些都是必须在拜访前明确的。

目标设定还需要明确最高目标和最低目标。谈判是一个讨价还价的过程,得到的东西总是会低于提出的要求。但是如果不懂得设定目标,就无法去评估究竟是做了一个成功的谈判还是失败的谈判。

(5) 目标准备,根据目标准备适当的工具和数据。

根据拜访目标,要准备好随身携带的工具和数据。如果是一个新的促销活动,就要检查是否带足了这个促销活动所需的POP[②]、陈列道具。如果是分销新的单品[③],要带上样品、新产品的介绍或者是产品宣传单[④]。针对超市撰写的市场推广方案,近期的大型促销活动方案,大众媒体广告投放计划,以及以前的报纸广告和市场概况分析报告等。这些书面资料可使超市主管全面了解厂家/供货商及其产品,有利于帮助超市主管树立产品畅销的信心。

如果目标是需要扩大陈列面,就要带上销售数据。通常强势品牌扩大陈列面——对于固定货架来讲,其实就是挤压竞争对手的空间——的手法是通过计算自己品牌陈列面的增长为商店所带来的利润。而通常弱势品牌的做法恰恰是反其道而行的,利用提供专柜费、陈列费等方式来反击强势品牌。而商店,无非是在销量乘以毛利率、陈列费之间衡量究竟是扩大还是缩小某个品牌的陈列面。

[①] 货架的基本陈列面,指标有处于动线的哪一端、处于货架的层数、处于阴阳哪一面、排面(商品在货架上展示出的整体状况)数量。卖场会按顾客走向将陈列分为阴、阳两面。面对顾客直视方向的为阳面。

[②] POP是英文Point Of Purchase的缩写,意为"卖点广告",其主要商业用途是刺激引导消费和活跃卖场气氛。形式有户外招牌、展板、橱窗海报、店内台牌、价目表、吊旗,甚至是立体卡通模型等。

[③] 当商品品牌、型号、配置、等级、花色、包装容量、单位、生产日期、保质期、用途、价格、产地等属性与其他商品存在不同时,可称为一个单品。

[④] 产品宣传单:即以宣传为目的的单张印刷品,就是需要给客户了解的内容,如公司简介、产品介绍等。

(6) 带齐销售资料。

推销员的销售包外面通常印着公司的LOGO,这是每一位销售人员所要珍惜的公司荣誉,首先检查销售包是否保持清洁。销售包的形象不仅是个人形象的组成部分,更代表了公司的形象。

其次,开始检查销售包内部的物件。

① 销售代表跑店路线安排:要检查今天是否按照计划执行了跑店线路。

② 如果是初次拜访,厂家/供货商需要准备好企业简介、产品样品。

③ 价格表和建议订货单[①]:价格表是指给商场/超市制定的价格,建议订货单则是指商场/超市的订货记录。

④ 客户拜访卡:客户拜访卡就是一个厂家推销员的武器。这张表格涵盖了一个商场/超市的进销存、陈列和促销活动等的信息记录。

⑤ 公司库存表:出门前不要忘记带上公司的库存表,或者是所负责的商场/超市的库存表。如果某些产品出现断货,推销员就需要对商场/超市做出解释。如果不对公司库存进行了解,就很容易出现胡乱订货的情况,导致对商场/超市定单满足率的降低。

⑥ 定单[②]:做销售的人员必须保证有足够的订单[③]。

⑦ 发票:如果这次出门是需要和商场/超市结账的,就必须带好发票和销货清单。

⑧ POP:厂家推销员要注意的是,在商场/超市的POP需要及时更新,因为每个促销周期或者是新产品上市期间,都有不同的推广和促销重点,POP要配合这一变化。因此,销售包里的POP应该是最新的,以便商场/超市的及时更新。

(7) 带齐各种文件。

如果是初次拜访,厂家/供货商与超市主管谈判前,还必须先把自己企业的相关资料准备齐全,相关资料包括:已盖公章的报价表;已盖公章的企业营业执照复印件(已经过当年年检);已盖公章的企业税务登记证(国税、地税)复印件(已经过当年年检);相关企业资料,如开户行、开户账号、税号、企业地址、企业电话、联系人、传真和邮编;商标注册证(由制造商提供);产品检验报告;特殊行业必备资料,如安全认证(如长城标志,电工类产品适用)、服装的织物成分证明等;进口产品检验合格证(进口产品适用);代理授权书(代理商适用);指定经销商或总经销商证书等。

以上文件资料,各地超市执行得并非完全统一和严格。有些超市并不需要全套文件资料,而有些大卖场却还要求厂家/供货商提供"厂家/供货商简介"、"厂家/供货商基本资料表"、"新厂家/供货商问卷调查表"、"新厂家/供货商产品问卷调查表",以及一套完整的"产品目录"或"样品"等。厂家/供货商应提前了解目标进驻超市的特殊要求,以便准备完整的相关资料文件。

(8) 各种文具:再检查一下,是否有足够用来张贴POP或者特价标签的双面胶,是否有

---

① 订货单:订购产品和货物的单据。订货单有多种样式,卖方依据所出售产品和货物的特点制作订货单,由买卖双方填写。

② 定单:书面供货单。

③ 订单:企业采购部门向原材料、燃料、零部件、办公用品等的供应者发出的定货单。在物流术语中,大多数情况下,订单是指预期数,向厂家/供货商发出采购要约,拟向厂家/供货商提出订货数量和技术要求的一种书面文件。而定单是指买卖双方对订货数量达成一致协议后,确定供应方应向采购方提供实际应交货数量的一种书面的文件。从法律角度上来说,两者是有区别的。建议使用订单,减少使用定单,避免风险。

清洁的用来擦拭产品和货架的抹布。另外,别忘记带上笔、笔记本、名片、剪刀和计算器。

(9) 跑店的销售人员通常不穿西装,但是,仪容仪表必须要做到整洁。如果公司有统一的业务着装,那么就统一;如果没有,销售人员也不能降低对整洁的要求。个人仪表自检内容包括:衣领整洁;纽扣扣好;衣袋整洁;头发整齐;皮鞋擦亮。

店面拜访和管理是一个厂家销售人员(推销员)最日常的工作,也是他最具有生产力的工作。规范地执行这项工作,销售人员在消费品销售这个领域的技能就一定能得到最大程度的提高。

五、转店的基本流程

(一) 店内检查

所谓商品化(merchandising)就是如何让公司的产品在商店成为最抢眼的产品。它是打开销路最有效的方法之一。因为它就在销售点,即在消费者做购买决定的当场下工夫,也就是在商店下工夫,商品化充分利用了消费者购买的习惯。

商品化的基本原则:商品的铺货[①]、产品的陈列地点、陈列架的位置、陈列架的空间管理、定价、产品外观、POP、特别展示、商店广告。

1. 观察竞争对手

进入超市后,厂家推销员应留意竞争对手以下情况。

(1) 竞争对手最近是否做了产品主题堆头[②]。

(2) 竞争对手最近是否买了专柜货架。

(3) 竞争对手最近是否上了邮报。

(4) 竞争对手最近的陈列面是缩小还是扩大了。

把以上情况逐一记录下来,向销售经理汇报,以便在第一时间做出反应,伺机应对。

2. 观察商场/超市——点头铺货管理

在每一个可销售点里都应该陈列厂家/供应商的产品,各种种类和规格,都要陈列在架上。

(1) 当其中一种缺货[③]时,生意上的损失很可能要比10%大得多,原因主要有两个:① 只要缺一种,就会减弱陈列架上全产品给人的深刻印象;② 缺货的那种产品常常是最畅销的产品。

(2) 造成缺货的原因:销售期过长,补货不及时;存货区的货暂时找不到;供应商暂时或长期缺货;供应商送货延迟。

(3) 为了确保厂家/供应商的产品放在货架上,可以采取的措施:① 跟管存货的人员经

[①] 铺货又称铺市,是说服零售商经销本企业产品的一系列过程,是企业与经销商之间合作在短期内开拓市场的一种活动,是市场快速启动的重要基础。

[②] 堆头:就是超市中,一个品牌商品单独陈列形成的商品陈列,一般都是放在花车上或箱式产品直接堆码在地上,称为堆头。厂家/供应商一般要向超市缴纳一定的费用才能申请到堆头。

[③] 缺货指货架上和存货区无货可卖的情况。

常沟通、联系,让他在货架上堆满厂家/供应商的产品;② 通知店主或经理,如果某个畅销产品缺货了,可以打电话通知厂家,马上送货;③ 如果商店不愿意采购某几种产品,每次说服卖场采购一种,并设立目标,制订计划,在下几次拜访中再继续说服。

3. 观察商场/超市——商品陈列管理

建议厂家销售人员从主通道逐渐走近自己的产品陈列区。因为大多数消费者通常是如此。首先,要了解的是店内的经营状况,检查陈列面是否摆放丰满。

厂家销售人员查看自己的产品,可参照下列指标完成:

(1) 商品是否做到了区域化陈列,即把厂家的品牌集中摆放。每一个系列的产品要尽可能地摆放在一起。快销品种的陈列面应该是普通产品陈列面的2～3倍,区域化陈列可以最大限度地发挥导购效能,同时仅是区域化陈列就能更多地提高厂家的销售额。例如:假设1个陈列面的销量是100,2个陈列面的销量就是123,3个陈列面的销量是140,4个陈列面的销量是154。

(2) 陈列位置是否在人流量最大的地方。

(3) 产品陈列放在同等或比自己的产品更高档、知名度更高的产品附近。

4. 陈列架空间管理——理货管理

应查看产品是否摆放在了黄金陈列货架上(每一区的中央位置)。

(1) 事先征得商场/超市同意。

店内的负责人当然有权对陈列做出调整,但是店里的店长、领班对陈列位置也经常会有决定权。所以,维护平时的客情关系是相当重要的。

要维护客情关系就需要频繁地拜访,需要和他们之间进行感情沟通。盘存日、货架调整日通常是改动货架位置最好的时间。而盘存和货架调整通常都是在深夜进行的,有些甚至一直要等到清晨,所以厂家推销员应尽可能多地参与商场/超市的这些工作,通过面对面的相处培养,提升客情关系。

(2) 保持货架占有率——跟随战术。

厂家的产品要获得一个好位置,还需要保证货架占有率。最低的水准是不能低于在商场/超市的销售占比[①]。作为强势品牌,需要占据最大的货架空间;作为弱势品牌,陈列原则就是要紧紧盯住竞争对手,跟着它陈列,因为它的产品货架前的客流量通常是最大的。

(3) 货架位置:客流量大、明显的位置肯定就是好位置。

最好的货架位置——货架高度:在货架部分,平行视线的高度为1.2～1.5 m,顾客用手可直接拿取,这就是陈列的黄金高度,不用抬手踮脚不用弯腰是回转最快的区域。这些陈列的最优地段就是留给重要厂家/供应商的,通常也是厂方的必抢之地。

顾客对货架的关注程度见图2-2。

---

① 销售占比:同一时间段销售的所有产品中,某一类产品的销售额占所有产品的销售额的百分比。

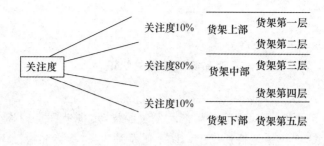

图 2-2　顾客对货架的关注程度

从图 2-2 中不难看出,顾客的注意力 80% 都集中在货架中部,而很容易忽略货架的上部与下部。

(4) 最好的位置一定要摆放最好卖的产品,或者摆放当季的促销或主推产品。并且,必须保持货架上货物的丰满,保持有足够的货量。经验表明,即使不断货,丰满的货架陈列也比欠丰满的陈列有着更多的销量。

陈列架的空间使用情况如下。

① 最畅销的产品要比滞销的产品多占一些陈列空间。

② 畅销的品牌应该比滞销品牌得到更多的陈列空间和更好的陈列地点。

③ 最畅销的规格和种类应该得到最好的陈列间和位置。

(5) 良好的陈列架的空间管理对零售店和厂家/供应商的好处可概述如下。

① 它吸引消费者的注意力。

② 让消费者更容易选购,因为,很容易就可找到不同的产品、品牌、大小和种类,整洁的外观——不会被庞杂的"种类丛林"搞混。

③ 可减少缺货的情形。

④ 可确定产品有适当的陈列空间。

⑤ 让业务人员方便作订货建议,并方便商店人员下订单。

⑥ 可增加产品的销售量和利润。

5. 观察商场/超市——商品价格管理

(1) 查看价格标签,超市的价格是否按照公司的要求执行;必须熟记厂家商品的定价及主要竞争产品的售价。

(2) 在理货的过程中如果变动了摆放位置,价格标签一定要进行同步调整。所有的产品要保证有相应的价格标签,价格标签要反映准确的价格,并且要做到清晰醒目。

(3) 对于商品包装上有商品条形码①的商场/超市,要记录下这个信息。订货后最好记录产品的条形码以便查询产品流向,尤其是受价格保护的电子产品,以便查询违规销售的商场/超市,并追究相应责任,避免不必要的经济损失和信誉影响。

(4) 促销价格有没有到位,或者是承诺的价格变动是否已经得到了执行。

---

① 商品条形码是指由一组规则排列的条、空及其对应字符组成的标识,用以表示一定的商品信息的符号。

知识补充

商品陈列的相关知识

一、商品陈列的定义

商品陈列是以产品为主体,运用一定艺术方法和技巧,借助一定的道具,将产品按销售者的经营思想及要求,有规律地摆设、展示,以方便顾客购买,提高销售效率的重要的宣传手段,是销售产业广告的主要形式。

合理地陈列商品可以起到展示商品、刺激销售、方便购买、节约空间、美化购物环境等各种重要作用。据统计,店面如能正确运用商品的配置和陈列技术,销售额可以在原有基础上提高 10%。

二、商品陈列的类型

1. 纵向陈列和水平陈列

纵向陈列,又称竖式陈列,是指同类商品从上到下地陈列在一组货架内,顾客一次性就能轻而易举地看清所有的商品。水平陈列,又称横式陈列,是指把同类商品按水平方向陈列,顾客要看清全部商品,需要往返好几次。竖式陈列和横式陈列见图 2-3。

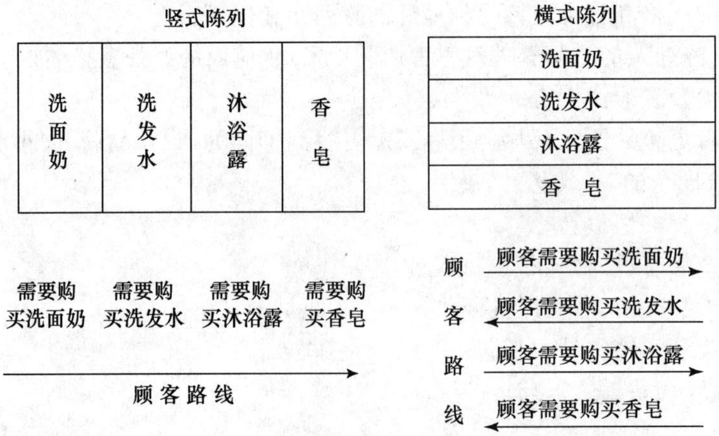

图 2-3 竖式陈列和横式陈列

从图 2-3 中不难看出,相比之下,竖式陈列方便顾客选取商品,减少了不必要的来回走动,使购物路线直接、简单。

2. 廉价陈列和高档陈列

花车陈列属于廉价陈列,能够刺激顾客的购买欲望。专柜需要给顾客高档的感觉,可以用豪华的货架和灯光处理的方法制造高档的感觉,它属于高档陈列。

3. 样品陈列

商场专柜中具有代表性的商品单独展示。例如,服装。模特衣架要向顾客展示的新款式,可以立体的方式展现出来。

4. 活动式陈列

对于一些商品,可以采用活动式陈列。例如,服装,营业员选取其中一款,作为制服穿在身上,这也是一种销售技巧,营业员本身就在生动形象地直接给商品做着一种引人注目的最佳效果的展示(但是这一点只限于休闲服装)。

三、商品陈列的技巧

1. 左右结合,吸引顾客

一般来说,顾客进入商场后,眼睛会不由自主地首先射向左侧,然后转向右侧。这是因为人们看东西是从左侧向右侧的,即印象性地看左边的东西,安定性地看右边的东西。在国外,已有许多商场注意到人类工程学的这个特点。利用这个购物习惯,商场将引人注目的物品摆放在商场左侧,迫使顾客停留,以此吸引顾客的目光,充分发挥商场左侧方位的作用,变不利因素为有利因素,促使商品销售成功。这个方法在国外应用比较普遍,然而在国内的一些商场,摆放商品大多是无意识的,缺少科学根据,较少考虑顾客的购物特点。

其实,中国人的这个特点在其他方面表现也比较突出。例如,走路朝右边走,有一种安定感;吃饭用右手,形成固定姿势……在人们的心目中,右方是安全的、稳定的。所以,商场的经营者可充分利用这一特征,借商品摆放的不同位置,给顾客以不同效应,最大限度地吸引顾客的注意力。

2. 相对固定,定期变动

从顾客的角度讲,他们大多喜欢商品摆放相对固定。这样,当其再次光顾商场时,可减少寻找商品的时间,提高顾客购物效率。商场针对这个心理特点,不妨将物品放在固定的地方,方便顾客选购。但长此以往,又易于失去顾客对其他物品的注意,且产生一种陈旧呆板的感觉。因而,商场也可在商品摆放一段时间后,调整货架上的货物,使顾客在重新寻找所需物品时,受到其他物品的吸引,同时对商场的变化产生耳目一新的感觉。

不过这种变化如果过于频繁,会导致顾客的反感,认为商场缺乏科学化的安排,混乱不堪,整日搬家,继而产生烦躁不安的心理。所以,商品的固定与变动应是相对的、适应的。一般以一年变动一次为宜。

四、商品陈列的基本原则

1. 陈列的安全性

排除非安全性商品(超过保质期的、鲜度低劣的、有伤疤的、味道恶化的),保证陈列的稳定性,保证商品不易掉落,应适当地使用盛装器皿、备品。进行彻底的卫生管理,给顾客一种清洁感。

2. 陈列的易观看性、易选择性

一般情况下,由人的眼睛向下 $20°$ 是最易观看的地方。可视宽度范围为 $1.5 \sim 2m$,在店铺内步行购物时的视角为 $60°$,可视范围为 $1m$。

3. 陈列的易取性、易放回性

顾客在购买商品的时候,一般是先将商品拿到手中从所有的角度进行确认,然后再决定是否购买。当然,有时顾客也会将拿到手中的商品放回去。例如,所陈列的商品不易取、不易放回,也许就会仅因为这一点便丧失了将商品销售出去的机会。

4. 令人感觉良好的陈列

(1) 清洁感。不要将商品直接陈列到地板上。无论什么情况都不可将商品直接放到地板上,注意去除货架上的锈、污迹。有计划地进行清扫。对通道、地板也要时常进行清扫。

(2) 鲜度感。保证商品质量良好,距超过保鲜期的日期较长,距生产日期较近。保证商品上下不带尘土、伤疤、锈。使商品的正面面对顾客。提高商品魅力的 POP 也是保持商品鲜度感的一个重要的因素。

(3) 新鲜感。符合季节变化,不同的促销活动使卖场富于变化,不断创造出新颖的卖场布置,富有季节感的装饰。设置与商品相关的说明看板,相关商品集中陈列。通过照明、音乐渲染购物氛围。演绎使用商品的实际生活场景。演示实际使用方法以促进销售。

五、提供信息、具有说服力的卖场

通过视觉提供给顾客的视觉信息是非常需要的,顾客由陈列的商品上获得信息;陈列的高度、位置、排列、广告牌、POP……

六、陈列的成本问题

为了提高收益性,要考虑将高品质、高价格、收益性较高的商品与畅销品搭配销售。关联商品的陈列,应注意:适时性、降低容器、备品的成本。同时要提高效率,防止商品的损耗。

6. 观察商场/超市——产品促销管理

(1) 合理使用宣传品。厂家销售人员需要合理选择日常使用的宣传品,如海报、挂旗、粘贴、插卡、KT 板、飘吊物、专用陈列柜、专用堆箱、收银台、货架……

据调查显示:宣传品+陈列的效果是单独陈列销量的 1.8 倍。此外,推销员还应使用最新的宣传品,不同的品牌要选择对应的宣传品并且定期更新。推销员应该把宣传品布置在最能吸引消费者的地方,以便吸引消费者的注意。

同时,厂家销售人员观察一下在商店内使用的 POP、折页、卡片或者是跳跳卡、插牌是否过期或者是被竞争对手损坏。若损坏,不要气愤于竞争对手对这些物品的损坏,厂家销售人员应重新再做好它。商场/超市就是各个品牌间的一场没有硝烟的战争,不断地重复这些销售的基本动作,这就是一个厂家销售人员的工作。

(2) 做促销陈列。尽可能在店内多做促销陈列。促销陈列能带来不少好处,见表 2-2。

表 2-2 促销陈列的好处

促销陈列方式	带来的利润
落地陈列	+142%
落地陈列+海报	+160%
落地陈列+海报+特价卡(仅特价)	+183%
落地陈列+海报+特价卡(原价与特价)	+225%

(3) 再次做好先进先出。在变动商品陈列的同时,仍旧要按照先进先出(FIFO)[①]的原则摆放产品。

7. 观察商场/超市——产品外观管理

销售人员应常备抹布,及时清洁产品和货架。产品的清洁程度,直接影响到了消费者的选购,谁都不愿意购买脏兮兮的产品。

---

① FIFO 即 First In First Out,源于一种会计的存货价值评估方法,或材料管理上的存货控制方法,规定在仓库中存放最久的材料必须最先被取用。它也是零售业货物存储、取出的循环方式,目的是将生产日期早的商品先销售出去。

(1) 保持包装的清洁。

(2) 尽量将陈列架放满,包装完好的产品放至架子的最前端。

(3) 把产品的正面转到外头来,这样不但看起来整洁,也容易被消费者看到。

(4) 绝对不可以拆开包装后又放回架子上去。如果发现产品有被打开过或破损的痕迹,一定要马上换掉。

(5) 如果包装不整齐,就把它从架子上换掉,当作损坏的商品退回公司。

8. 产品库存管理

(1) 查看储存条件。查看店内或者是库房的储存条件是否已达到公司的要求。例如,一些需要轻放或者是怕潮的电子产品不同于普通商品的储存。如果没有,立刻进行改正。

(2) 做到先进先出。存货周转是对客户进行库存管理的一项主要内容,也是厂家销售代表的工作职责之一。

存货周转:货架上补充货物和仓库补货时,按照先进先出的原则,把先进的货物放在前面。存货周转包括两种类型,即前线存货和后备存货的周转。① 前线存货:陈列在货架上准备出售的散装货物。② 后备存货:存放在仓库内用于补货的货物。

有很多产品是因为没有做到先进先出而在商场/超市里变成"过期货"。对于厂家销售人员而言,断货和不做先进先出是不允许的。销售人员应该依次把生产日期早的产品摆放在货架前面,把新进的同类产品放后面。而新进的货物放在后面可以确保消费者总是购买新鲜产品并杜绝产品过期的可能性。没有任何借口可以让过期产品留在货架上。

每一包产品都有制造日期和使用期限,在期限到来之前便应收回并换上新鲜的产品。每次店访都要查看仓库,鼓励商店先将较早的商品卖出,不要在商店的仓库堆积一些快要过期的产品。另外,还要注意检查货架和库房的产品是否有样品或者损坏,对这些产品,要记得及时撤换下货架,或者对临期样品做一些促销以便及时清库。

(3) 记录库存。要求商店将同一厂家/供应商产品储存在仓库里的同一区,这样可以更容易掌握。使用客户拜访卡记录每一个SKU[①]的库存并记录下它们的库存情况。

(4) 计算订货。利用安全库存原则(1.5倍存货原则)计算订货。

第一步:检查现有库存。

清点库存:按品牌/包装清点库存。

存货的周转:先进先出,避免产品过期。

补货:将存货放到货架上。

生动化[②]:存货的生动化工作。

将存货数记入客户拜访卡:做好存货记录。

第二步:计算上次拜访后的销量。

上次拜访后的实际销量=上次订货+上次库存-现有库存。

第三步:计算建议订货量。

---

① SKU(Stock Keeping Unit,库存量单位)即库存进出计量的单位,可以是以件、盒、托盘等为单位。在连锁零售门店中有时称单品为一个SKU。

② 在售点和买点通过有效地陈列产品,以及利用有关的广告材料及设备去动员、说服消费者选购产品,生动化是决定消费者看到产品后是否购买的最后环节,即"如果产品不能被看见,那么它就不会被购买"。

建议订货量＝(上次订货＋上次库存－现有库存)×1.5－现有库存。

(5) 补充产品。经过一番陈列之后，可能需要再补充一点产品，并尽可能多地扩大陈列面。

(6) 退换货。如果有日期不适合售卖或者是破损的产品，请及时下架，并将好的产品补充上架。

9. 与商场/超市的工作人员沟通

推销员应及时与商场/超市的工作人员沟通陈列会为他们所带来的好处，让他们相信，推销员刚刚所做的工作是会给他们带来销量增长的。最后，不要忘记叮嘱其务必要保持原有的陈列，以便为他们带来持久的利益。

10. 与促销人员沟通

如果商场/超市有促销人员，厂家销售人员务必要询问他们最近的销售情况——自己的和竞争对手的销量与促销活动情况，并且检查他们的销售报表。如果公司有信息需要传达，立刻告诉他们，并告诉他们最近的工作重点是什么，询问他们有什么事情需要帮助解决。

以上为陈列和理货的工作。

根据在店内的工作，厂家促销员需再次确定其工作目标。这些目标包括卖进新的SKU、扩大陈列面积、进货、开展促销活动、收款、价格变动等。

(二) 销售介绍

1. 找到关键人物

如果厂家推销员今天的工作目标是需要和其他商场/超市的人打交道，那么就要首先找到那些真正能做决策的人。此时，推销员要表现出自信，以便感染客户。

2. 介绍自己

厂家推销员如果刚刚在一家新开辟的商场/超市开始销售业务，就需要向负责人主动地介绍自己，介绍公司及交换名片，目的是让别人能记住公司的品牌。

3. 使用销售工具，介绍新目标

利用客户拜访卡，可以让商户看到安全库存已经不足了，需要进货；利用新产品的宣传资料，向商户推销新的SKU；利用建议订货单，告诉商户厂家有更多的产品系列，以便增加产品的进货量。

4. 与客户沟通、协商

(1) 与采购的良性沟通

不论多好的商品，无论多强的公司，也无论多好的营销资源，如果不和采购进行良好的沟通，也不会有好的成效。超市有很多的人员层级，有很多可以沟通的人，但采购才是真正的操作者和执行者，所谓"现官不如现管"，把握一线人物才是最现实的。

同时供应商要超越直白的利益关系，努力建立专业形象帮助采购提升个人层次，介入到他的个人成长中，在深层次上取得采购的认同和信任。厂家推销员把握这个微妙的心理要求和角色置换，也会有意想不到的效果。

(2) 运用销售技巧说服关键人物

做一个促销活动、分销进新品不是一件容易的事情,在这里,促销员就需要运用所学的销售技巧与客户进行周旋。不要把客户的拒绝当作最终的答案,一个优秀的销售代表,永远都要发现拒绝背后的问题,要做到:运用开放式问题,找到客户的需要;在客户有异议的时候,保持冷静;仔细聆听客户的问题,了解清楚;对客户说"我明白了您的意思是说……",表示认同;重复客户的问题,并且询问他是否还有其他异议,这样的做法是为了限制他的问题。

(3) 与不同类型顾客沟通的技巧

与不同类型的顾客的沟通技巧详见知识补充。

 知识补充

与不同类型的顾客沟通的技巧

与不同类型的顾客沟通的技巧见表2-3。

表2-3 与不同类型的顾客沟通的技巧

顾客类型	思维特点	交流办法
乐于助人型	经常从别人的角度考虑问题	① 乐于帮助他一次 ② 你要表现出你是从别人的角度去思考问题的,如在概括情况中重点概括对方的情况 ③ 抓住机会
快人快语型	不经思考便发表言论	① 将问题简单化,同时表述简练 ② 用你的思路去诱导他,让他主动说出你的想法 ③ 利用停顿
蛮横无理型	只从自己的角度来考虑问题	① 加强访问密度,增加见面机会 ② 特别强调对方的利益 ③ 重点强调短期的好处 ④ 严禁生气、发怒
分析思维型	注重逻辑型与数据资料	① 交流前准备好和你生意有关的资料 ② 严格按照进取性的销售方式和有目标去处理的方法工作
优柔寡断型	犹豫不决,很难下决定	① 先要让他能接受你 ② 有耐心,但要果断 ③ 协助他说"好" ④ 向他说明各种利益后,设法一个地要求他同意
沉默寡言型	不太爱说话,给人冷酷的感觉	① 和他探讨他所关心的事 ② 从提出问题中让他发表言论 ③ 如果在交谈中他突然停止不言,你不要慌张 ④ 设法让他由询问中来同意你的结论
自以为是型	总认为自己是对的,是很重要的	① 让他认为自己是重要的人物,有必要时不妨用言词赞扬他,令他高兴 ② 提出各种事实,并确认那都是他的想法 ③ 让他做决定,当然要设法引导他朝你想要的方向走 ④ 千万不要和他对抗

续表

顾客类型	思维特点	交流办法
喜欢辩论型	对任何事情都争论,并偶尔会强词夺理	① 不要与他争论 ② 让他发表意见,并认真地听,不要去打断他 ③ 让他自己冷静下来 ④ 用其提出的理由来回答你的问题
小心翼翼型	不轻易下决定,凡事总是要反复思考	① 让他尽量消磨时间,要慢慢地和他交谈 ② 必须很详细地给他分析事物,并举出各种合乎逻辑的实例 ③ 不可稍微有不耐烦的表现 ④ 推动他提出他的看法(即使是没有什么价值的) ⑤ 用不同的方法来阐述各种复杂的谈话内容
虚伪狡猾型	一般很爱面子,贪图小便宜,总想得到好处	① 这是最难应付的类型 ② 不要有失面子、丢脸的感觉 ③ 尝试以诚意和坚持原则的态度来解决各种问题

5. 处理反对意见

(1) 反对意见可被解释为反对某一种计划、想法或者产品而表达出来的态度,是持反对立场的一种担心/坦白或者争论论据。

(2) 处理反对意见的主要方法有两种:减少反对意见发生的机会;有效地处理发生了的反对意见。

(3) 反对意见的类别:真实反对意见;虚假反对意见。

(4) 处理反对意见的过程:收集反对意见,并确定出真正的反对意见(确定反对意见的真实性)——理解(明确)反对意见——证实反对意见(把反对意见转化为一个问题)。

(5) 处理反对意见概括。

① 处理反对意见同情况交流的关系,见图 2-4。

图 2-4 处理反对意见同交流情况的关系

② 处理反对意见流程:收集反对意见并确定;提炼/验证反对意见;将异议转化为能够解决的问题;解决反对意见。

常见的反对意见及处理方式一览表见表 2-4。

表 2-4 常见的反对意见及处理方式一览表

常见的反对意见	处理方式
不愿意进货	① 先了解不愿意进货的主要原因 ② 告诉客户你能给予的利润 ③ 解释公司计划的促销方式 ④ 说明如果不销售你的产品所带来的损失 ⑤ 尽量让客户下订单,即使少量的

续表

常见的反对意见	处理方式
利润低,没有兴趣	① 先谢谢他们的帮助,利润不高 ② 略带开玩笑的口吻告诉客户销售日用产品所得的利润虽然无法和做房地产相比,但有些微小利润累计起来也能买得起房子 ③ 向客户解释所销售的日用品是每个人每天都要用到的,肯定会有顾客购买 ④ 给客户一个信心来销售你的产品,并列举一些成功的商店的例子
没有顾客主动购买	① 告诉客户只要把产品陈列好必然会有顾客看见而购买的 ② 新产品刚进入市场,会有促销支持 ③ 给予优惠的折扣率(必须是在公司/代理允许的范围内) ④ 答应客户将会定期来拜访查看,如果销售不好,将会给予更换(提供售后负责和服务的态度) ⑤ 按陈列规定张贴广告品或提供陈列架 ⑥ 告诉客户你将要在其区域内展开一些促销活动
销路不好	① 检查第一次进货的剩余库存,再分析一下是否真的销路不好,还是压的货太多 ② 假如是真的销路不好,检查产品是否已经损坏、肮脏或是没有陈列出来,是否价格太高,甚至根本没有顾客推销过 ③ 给客户一个概念,告诉他们此类产品在其他商店的销售情况 ④ 把坏掉的产品换上好的 ⑤ 按陈列规定张贴广告品和提供陈列架
太贵	① 将产品与其他同类产品做比较并说明产品的质量和优点 ② 比较一下销售你的产品和其他产品所得到的利润

6. 协助商场/超市采购主管订货

新品通常需要采购主管确定进场后才能订货。已有的产品则可以由门店直接下订单。由于此环节较长,所以非常容易在某个环节出错。厂家销售人员不仅要在门店内协助店内的人员下订单,也要透彻地了解整个订单流程,追踪各个环节,以免因为环节的原因出现断货。

知识补充

商场/超市从订货到收货的基本流程

商场/超市从订货到收货的基本流程见图2-5。

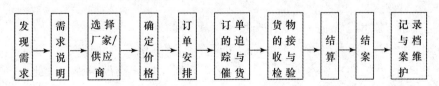

图2-5 商场/超市从订货到收货的基本流程

(三) 行政工作

推销员再检查一遍店内要做的一些行政工作。

(1) 检查是否准确完整地填写了每张客户拜访卡。

(2) 每个系列的产品、每个陈列的方式都要记录在客户拜访卡上。

(3) 收款的工作：如果当天工作中有收款这个项目，推销员应仔细保存好所收的支票，放入支票夹中，避免丢失。

(4) 按照跑店路线安排，以及上述步骤，推销员就做完了一天的拜访工作。但是，回到办公室后，推销员还有最后的以下一些工作需要完成。办公室的后续工作如下。

① 处理订单。回到办公室后，根据当天的工作内容，立刻处理完订单，交给自己公司的相关单员。

② 上交收款。立刻将收款交给公司并且认真记录，收款不能过夜。

③ 整理客户拜访卡。整理好当天的客户拜访卡，如有填写潦草的地方，请在另外一张新表格上重新誊写并且存在固定的地方。客户拜访卡的存放处不能上锁，以便接受上司或者是公司的随时检查。

④ 填写销售/回款报告。认真填写当天的销售和回款记录，并放在固定的地方存档，同样也不能上锁。

⑤ 填写工作计划。如果当天是星期五，推销员则应开始填写下周的工作计划。即使是固定的工作路线，但是由于下周公司的销售经理又可能会安排了新的工作、新的促销活动、新的产品进场。因此，推销员应尽早做好准备，制订下一阶段的工作计划。

⑥ 准备第二天的工作。准备好第二天访店前要准备的一些东西，询问上司明天有没有别的工作指示并记录下来。

(四) 回款工作

1. 应收账款回收不及的后果

越来越多的老总感觉到减少坏账、呆账如同开拓新业务一样重要。厂家为经销商提供商业信用，采取赊销、分期付款等资金优惠政策，目的是为了提高经销商销货的积极性，增大销量，但如果管理不善，会给厂家带来很多麻烦。应收账款可能在无声无息地侵蚀着公司利润，最终将公司拖垮。

赊账是营销风险的重要源头，应提高警惕。厂家必须密切关注与回款相关的各个环节，避免陷入追讨债款的困境。

2. 回款的陷阱

(1) 心存侥幸，想当然地认为客户会按时付款。

(2) 对中间商，尤其是老客户不进行信用调查和评估，唯恐得罪朋友。

(3) 签订合同时，客户根本不讨价还价，完全认同厂家开出的条件。对此，厂家先别沾沾自喜，很有可能客户根本无意付款，准备"捞一把就跑"。

(4) 厂家急于销货，在付款条件上做无条件的让步，致使某些人有机可乘。

(5) 出现欠款，业务员不但不积极追款，反而处处为其客户辩解。此时，厂家要考虑到，业务员是不是吃客户的回扣了。

(6) 对客户延期付款过于宽容。

(7) 财务管理漏洞百出,与销售部门缺乏沟通。

(8) 对中间商过于依赖。

(9) 客户"撒下香饵钓金鳌",一开始还比较守信用,回款比较及时,但骗取厂家信任之后,则加大进货量,此后便以种种伎俩拖欠货款,甚至逃掉。

(10) 轻视法律的作用。

3. 回款注意事项

(1) 市场竞争中,尽管赊销有时是必要的,完全杜绝赊销会失去很多盈利机会,但厂家必须制定严格的赊销政策,切勿随意。

(2) 对赊销总规模进行控制,确定警戒线,一般应收账款不超过资产的20%。

(3) 货一旦赊出去,就必须密切关注客户的运作情况,对一些不良征兆要高度警惕,切勿在赊销期满时才过问,否则,很可能"竹篮子打水一场空"。

(4) 信用调查和评估绝对不能忽略,哪怕是对老顾客,要知道,现在最时髦的就是"宰熟客";

(5) 追款需及时,时间拖得越长,就越难收回。研究表明,收款的难易程度取决于账龄而不是账款金额。

(6) 不要担心因为追款失去客户,如果客户发出"不供货就不再付款"的威胁,要当机立断,及时停止供货,以免形成恶性循环。

(7) 收款时不要做出过激的行为。

(8) 对销售人员和追款人员的培训、奖惩相当重要。

(9) 激励客户,为刺激客户的回款积极性,对合作的客户可以提供特别的优惠条件。

4. 厂家回款的常见态度

厂家回款的常见态度见图2-6。

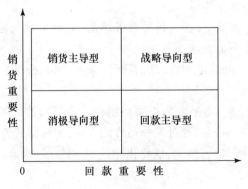

图2-6 厂家回款的常见态度

(1) 消极导向型

在某些时候,代理商可能基于环境或体制的影响,也可能是销售主管的能力所限,致使销货和回款都难以在销售工作中被给予足够的重视。消极导向型显然并不足取,厂家必须认真分析其中的原因,并寻找解决问题的适宜方式。

(2) 销货主导型

销货主导型是指在具体的销售政策或销售管理中,重视销售额的提升而轻视回款工作,特别是在企业尽力扩大市场占有率时尤为突出。在面对剧烈的竞争环境时,一些企业甚至把延缓回款时限、降低回款要求作为促销手段,势必对以后的回款工作带来影响。

(3) 回款主导型

在某些时候,企业很可能基于外欠款数额过大,或财务上的困难,而不得不把回款工作当作第一要务。而这样做的结果,又很容易导致销货额的急剧下降。

(4) 战略导向型

战略导向型是一种较为理性化的态度,即在销售管理中把销货与回款看得同等重要,并通盘进行考虑。显然,此种导向型有利于企业制定较为稳定的长远战略。

5. 做好回款工作的方法

(1) 使自己的产品成为畅销品

① 回款的钱最终是由消费者来支付的。

② 使自己的产品成为畅销品是解决货款回收问题的根本之法,也是掌握市场主动权的前提。

③ 不要奢望经销商帮你"打天下",一定要靠自己把市场做起来。

④ 让我们的产品被越来越多的消费者指名购买。

(2) 把给经销商的利益放在明处

① 其实经销商并不在乎赊销还是现款现货,他们真正关心的是隐藏在这背后的利益。

② 有胆识的经销商为了获取超额利润,就愿意去承担现款投资的风险。

③ 产品好销,销得快,周转快,利润自然就多。

④ 广告支持力度大。

⑤ 价格或非价格折让较高。与其让经销商通过赊销挖空心思去图小利益,不如把利益明摆出来让经销商去赚取"阳光下的利润"。

(3) 提高对经销商的服务质量

① 产品性能不稳定,质量不过关,售后服务落后,业务员素质差,均会导致客户的不满,从而使回款的任务难以实现。

② 努力向客户提供一流的产品、一流的服务,诚实守信、公平交易。

(4) 重视客户资信调查

① 确定客户的信用限度,将呆账的损失控制在一个可知的范围内。

② 经常性地检查客户的变化,透过蛛丝马迹的变化,及时察觉客户的异动,如延迟约定的付款期限、进货额突然减少、销售情形突然恶化、员工抱怨或辞职、老板插手毫不相干的事业。

(5) 回款工作制度化

例如,在目标设定、激励制度、评估和指导、回款技能培训、回款工作配合等方面做出明确的规定,以便使回款工作有章可依、有规可循。

6. 回款技巧

(1) 回款技巧1:理直气壮

必须要有坚定的信念。一个人在催收货款时,若能满怀信心,遇事有主见,往往能出奇制胜,把本来已经没有希望的欠款追回。反之,则会被对方牵着鼻子走,使本来能够收回的货款也有可能收不回来。

如果认为催收太紧会使对方不愉快,影响以后的交易。那么,客户所欠货款越多,支付越困难,越容易转向他方(第三方)购买,就越不能稳住这一客户,所以还是加紧催收才是上策。

(2) 回款技巧2:额小为妙

若非要铺货,不论是新客户还是老客户,交易的金额都不宜过大。宁可自己多跑几趟路,多结几次账,也不能图方便省事。须知欠款越多越难收回。

有些客户,一开口就要大量进货,并且不问质量,不问价格,不提任何附加条件,对卖方提出的所有要求都满口应承,这样的客户风险最大。

(3) 回款技巧3:条件明确

要清楚规定交易条件,尤其是对收款日期要做没有任何弹性的规定。例如,"售完后付款"、"10月以后付款",这样的规定责任界定非常模糊。

交易条件不能由双方口头约定,必须使用书面形式(合同、契约、收据等),并加盖客户单位的合同专用章。若仅盖上经手人的私章,几个月或半年之后再去结账时,对方有可能说,"这个人早就走了,他签的合同不能代表我们单位";有的甚至说"我们单位根本没有这个人"。如果加盖的是单位的合同专用章,无论经手人在与不在,对方都无法推脱或抵赖。

(4) 回款技巧4:事前催收

对于支付货款不干脆的客户,如果只是在合同规定的收款日期前往,一般情况下收不到货款,必须在事前就催收。事前上门催收时要确认对方所欠金额,并告诉他下次收款日一定准时前来,请他事先准备好这些款项。这样做,一定比收款日当天来催讨要有效得多。

(5) 回款技巧5:提早上门

到了合同规定的收款日,上门的时间一定要提早,否则客户有时还会反咬一口,说:"我等了你好久,你没来,我要去做其他更要紧的事。"收款人员就无话好说。

(6) 回款技巧6:直切主题

对于付款情况不佳的客户,一碰面不必跟他寒暄太久,应直截了当地告诉他自己来的目的就是专程收款。如果收款人员拐弯抹角、吞吞吐吐,反而会使对方在精神上处于主动地位,在时间上做好如何对付的思想准备。

(7) 回款技巧7:耐心守候

看到客户处有另外的客人不要立即走开,一定要说明来意,专门在旁边等候。因为客户不希望他的客人看到债主登门,这样做影响生意,或者在亲朋好友面前没有面子。在这种情况下,客户只要所欠不多,一般会赶快还款。

在等候的时候,还可听客户与其客人交谈的内容,并观察对方内部的情况,也可找机会从对方员工口中了解对方现状到底如何,说不定会有所收获。

(8) 回款技巧8:以牙还牙

若对方摆出千般解释、万般苦衷的姿态,收款人员就以同样的方式回敬,摆出比他更多的苦衷。

(9) 回款技巧9:不为所动

如果客户和收款人员一见面就开始讨好收款人员,或请收款人员稍等一下,他马上去某处取钱还收款人员(对方说去某处取钱,这个钱十有八九是取不回来的,并且对方还会有"最充分"的理由,满嘴地说"对不住")。这时,收款人员一定要揭穿对方的"把戏",根据当时的具体情况,采取实质性的措施,迫其还款。

(10) 回款技巧10:缠缠缠

如果经过多次催讨,对方还是拖拖拉拉不肯还款,收款人员一定要表现出相当的缠劲功夫,或者在得知对方有现金时,或对方账户上刚好进一笔款项时,就即刻赶去催收。

(11) 回款技巧11:求全责备

如果只收到一部分货款,与应收金额有出入时,收款人员要马上提出纠正,而不要等待对方说明。

(12) 回款技巧12:辞旧迎新

在收款完毕后再谈新的生意,这样,新生意谈起来也会比较顺利。

(13) 回款技巧13:无款无货

不回款就回货。

(14) 回款技巧14:诉诸法律

若尽最大努力后客户还是不回款,即诉诸法律,强制执行。

(15) 回款技巧15:功成即退

收回款后要及早离开,以免使客户觉得心疼。

收款人员临走前要做的三件事如下。

① 告诉他××产品现在正是进货的好机会,再过10天就要涨价若干元,请速做决定以免失去机会等。

② 还要告诉他与自己联系的时间和方法。

③ 再度道谢之后,马上就走。

第三章
配合卖场制订促销方案

产品只有被消费者消费,才是一个完整的销售流程,所以产品铺进终端后,只解决了为消费者消费提供方便性的问题,还没有解决卖得动、卖得快的问题,即消费者乐得买的问题。所以如何提升更多的消费者对产品的关注程度,从而激发其消费欲望,最终实现消费,而且使其从消费过程中获得较高的满意度,产生良好的品牌印象,培养消费者对品牌的持久忠诚度,实现销量快速提升是非常必要的。促进销量的提升主要途径就是促销。

一、促销概述

(一)促销的定义、产生与发展

1. 促销的定义

"促销"(promotion)一词意为"使运动"。这也正是不同时代之下的促销宗旨:推动产品,利用销售。多年来,关于促销的定义繁多但模糊不定。随着权威机构的增多及促销市场的发展,我们可以更好地界定一个基本完整的定义:促销是指企业向客户传递产品信息,为促使客户做出购买行为而进行的一系列说服性的沟通活动,是构成市场营销策略的四个要素之一。

(1)广义的促销指的是一切有利于销售的手段,包括广告、公共关系、人员推销、营业推广及狭义的促销。

(2)狭义的促销指的是为了增加销量而采取的一系列措施。

2. 促销的产生与发展

随着20世纪末出现的大型百货商店的发展,我们在法国看到了最初的促销活动。在美国,促销已有50多年的历史,组织严谨。在法国,则一直到60年代才出现了促销最初的定义,且变化不定。但它的迅速发展迫使各企业将之确认为一种特殊的销售技巧。人们认为它不及广告庄重,因此总是以一种次要的形式去使用它,或者把它看成广告的结尾部分。于是人们把它列入广告预算之中。

就这样,人们很快地在美国发现了广告内投资和广告外投资之间的差别。前者是指电视、报纸、广播和招贴广告,后者是指促销和其他宣传技巧。到了20世纪80年代末,后者占了美国企业宣传方式的70%,其重要性可见一斑。

(二)终端促销

1. 终端促销的定义

终端促销是指厂家为了扩大产品的名声、扩大或巩固产品的市场占有率,在零售店处张贴广告或悬挂广告横幅,以刺激消费者购买产品的营销活动。主要有折价券(或代金券)、兑奖、样品派送、捆绑销售、增量包装等方式。

2. 厂家、商家实施终端促销的原因

(1) 厂商分析

身临激烈竞争的市场环境中的每一个企业,都在可能的市场缝隙中寻求着更大的发展空间。既要压缩成本、降低利润求得价格竞争优势,又需增加费用投入用以争夺和开拓市场,在这双重压力下,企业尽可能地寻找低成本、高效益的市场开拓手段。尤其当多数企业缺乏大规模的广告促销实力时,投入相对较少而直接和即时效果良好的终端促销策略便被广泛运用。同时,终端是产品销售渠道的最终突破点,消费者将在此直面产品、品评产品并做出选择,于是有限的店面空间和货架面积便成了宝贵的促销资源,众厂家在此各施手段、演义商战。此外,在和终端商家的密切沟通中,通过提供广告支持、协助售货、货源保障、价格优惠、设备援助、人员培训等服务措施,厂家既可获得进行终端促销的空间展示资源,又可提升客情关系、掌握市场主动权、调控销售通路。

(2) 消费者分析

在产品资料越丰富的市场上,消费者得到的产品资讯却越来越少,即我们生活在一个"浅尝资讯式购买决策"的时代。资讯的流量和内容都越来越多,消费者只得被迫在周围爆满的资讯杂音中"杀出一条路"来。消费者在这片"资讯的汪洋中蜻蜓点水",把获取的碎片残余整合起来,组织成某种知识,并据以行事。他们知道的只刚好足够应付使用,对他们而言,他们认知到的就是事实。消费者处理资讯的浅尝式手法,使得厂商的产品或服务的讯息必须在最终的购销冲撞点再一次强化确认,使终端促销信息成为聚拢资讯记忆、引发购买欲望的最后一击。同时,消费者购买行为中的冲动性购买也恰恰是由于销售现场的各种诱因而引起的,如店内陈列、折扣告示等。厂家做好终端促销,可以大大刺激消费者的随机购买。

(3) 产品分析

大多数的食品属于低值易耗产品,即单位价值小、一次性消费、不断重复购买。对于这类产品,消费者的购买属于"寻求变化的购买行为",即品牌间虽有差异,但消费者不会耗费太多的精力去比较选择,参与程度低。例如,对饼干的购买,消费者会经常改变饼干品牌的选择。在购买时,消费者往往是没有多少评价地选择某种品牌的饼干,等吃饼干时才加以评价。再次购买时,消费者也许由于厌倦了原有的口味或者想品尝新口味而转向另一种品牌。品牌的转换是因为寻求变化,而不是对产品不满意。于是,市场领导品牌通过占领货架、避免脱销及提示性的频繁广告来鼓励习惯性的购买行为。而对市场领导品牌进行挑战的品牌则通过低价、优惠、赠券、免费样品及强调试用新产品的活动,来鼓励消费者寻求变化的购买行为。于是,在终端狭小的货架空间里,促销活动如火如荼地不断演绎着新篇章。

3. 终端促销的时机、手段与目的变化

在实践中,终端促销的时机与手段是随着促销的目的不同而不同的,具体包括以下四种。

(1) 新品上市,吸引消费者

新产品刚刚上市,由于消费者的认知度低,消费积极性和欲望也相对较低,如何快速提升消费者对产品的认识度,从而激发其消费欲望呢?除了必需的广告宣传之外,还需要有效的促销活动来吸引消费者的注意,并激发消费者的消费欲望。终端促销的时机与手段是随着促销的目的不同而不同的,具体如下。

为了新产品上市的影响力而进行的促销的时机是新产品下线,在全国刚刚上市时。此类促销的重点是突出产品的"个性",根据产品的定位,找出目标消费群,一方面可通过媒体宣传形成影响力,另一方面就是针对目标消费群的特点进行终端促销。终端现场的促销活动要以吸引目标消费群为特色,以讲解产品的"个性",让现场消费者了解并认同产品的"个性",促使目标消费群产生购买欲望,再加以赠品等刺激,最终形成购买。

(2) 打击对手,提升优势

促销是创造竞争差异性,提升竞争优势,打击竞争对手的有效手段。例如,产品进入新的区域市场或竞争对手进入自己的区域市场时,通过有效的促销提升竞争优势,来拉开与竞争对手的距离,形成坚固的市场进入壁垒打击竞争对手。

反"促销"而进行的促销是指在竞争对手采取促销的情况下,为了遏制竞争对手的势头而进行的促销。此类促销无固定模式,借用《孙子兵法》的一句话说"促销似水,水之行避高而趋下,促销避实而击虚,水因地而制流,促销因敌而制胜,故水无常势,促销无常形,能因敌变化而取胜者谓之神,故五行无常胜,四时无常位,日有长短,月有死生。"(略有改动)在反"促销"中最关键的就是因敌变化而取胜。

(3) 让利消费者,增加销量

没有销量的产品不是好产品,预期市场利润需要理想的销量实现。在激烈的市场竞争中,通过促销让利于消费者,给消费者创造更多的让渡价值①,从而通过提升消费者购买欲望来增加销量。

为了提升整体销售量采取的促销多集中在产品的淡、旺季差别明显的商品上(如小家电行业的复读机),一般旺季投入大,产品从广告到终端促销都很激烈。促销竞争主要是价格和促销品,但目前国内商家在竞争中采取的手段单调,以价格战为主,如果商家多对市场进行细分,注重营销的差异化,会取得更好的市场份额。

(4) 创造竞争优势,延长产品生命

在老产品进入衰退期,而新产品却没有完全替代老产品占领市场时,需要对老产品进行促销,以创新竞争优势,延长产品的生命周期,使新产品从导入期到成长期有一个平稳的过渡。

老产品退出市场前进行促销的主要目的是减少不良库存,为新产品让路,避免新产品推出后新老产品产生内部矛盾,使销售不能按照良性发展。退出市场前的产品应以低价或中档价格外加促销品的策略,让消费者确实感觉到给他们带来了实惠。

---

① 顾客让渡价值(customer delivered value)是指总顾客价值(total customer value)与总顾客成本(total customer cost)之差。总顾客价值就是顾客从某一特定产品或服务中获得的一系列利益;而总顾客成本是在评估、获得和使用该产品或服务时而引起的顾客预计费用。

促销活动一开始曾是"硬"性的（强迫推销法），如价格惊人的降低、产品大跌价等，短期来看非常有效，但对企业而言，成本太高。今天，促销活动已开始"软"性了（软式推销法），如游戏竞猜、大竞赛等，虽然没有那么"一鸣惊人"，但对树立产品形象来说，更为有效。促销通过"硬"性手段和"软"式技巧的组合，在人们发现它的同时，它便去有效影响顾客的购买行为，并且在产品和消费者之间倡议一种相互影响的关系。

二、超市促销活动的分类及各自要点

现实市场实践中，超市促销活动的表现形式令人眼花缭乱，其中不乏盲目性促销。一个促销活动的最终效果如何，首先需要一个清晰的设计过程，而促销方案设计的最基础工作，是依据连锁超市企业的自身状况，结合市场营销环境进行分析。其中重要的一环是促销方案的设计人员必须熟悉促销活动的分类方法，只有这样才能设计出有针对性和差异性的促销方案，从而提高成功率。

促销活动的分类方法很多，这里介绍几种基本的分类方法。

（一）从沟通方式来划分

(1) 单向沟通式，如特价、优惠券促销、赠品促销、POP 促销等。

(2) 双向沟通式，如意见征询、有奖答题、现场促销等。

要点：促销活动应有清晰的传播主题，实施过程中应该提供充分的机会和诱惑，使消费者主动参与。

（二）从作用效果来划分

超市促销是整个连锁超市公司营销活动过程中的一个环节或一个方面，在这个过程中的不同阶段或层面，促销所扮演的角色和所起的作用不尽相同，其突出贡献表现在两个方面。

(1) 产品入市促销。新产品入市通常要使用促销工具来解决消费者认知、尝试购买使用这两个障碍，常规的促销形式有样品派送、赠购、限期优惠等。

(2) 巩固重复购买促销。根据意大利社会学家帕累托的 20/80 法则，维护品牌忠诚者重复购买率的重要武器之一，就是合适的、持续的促销活动，如消费者跟踪优惠折让、新产品或新服务优先试用、累积计分奖励等。

（三）从营销角度划分

1. 超市卖场促销

连锁超市门店要实行总部的统一促销计划，此外，门店促销主要体现在超市卖场促销，包括店头促销、现场促销和展示促销。

2. 各类促销活动

各类促销活动包括特价促销、样品派送等。

（1）特价促销

特价促销，又称打折销售、让利酬宾、折扣优惠等，是连锁超级市场使用最频繁的促销工具之一，也是影响消费者购买最重要的因素之一。特价促销看上去简单，但是运用得好的超市可从中获益，运用不好却会受到损害。因此，连锁超市公司在运用特价促销方式之前，有必要对特价促销的规律和技巧进行深入的分析和研究。

特价促销要"师出有名"。超值消费在21世纪刮起一股旋风，价格竞争似乎要永续无止了。但是特价促销是一种艺术，要让价格低得让消费者觉得合情合理、有理有据，要取信于民，否则消费者容易逆反——再低也不买。现实中超级市场特价促销的名目、理由通常有季节性降价、重大节日特价酬宾、超级市场庆典活动特价等。

超级市场特价促销要尽量争取厂家支持，使厂家分担一部分降价损失。低价竞争是超级市场竞争的永恒主题。连锁超市公司向供应商进货时，可以对某些商品实行一次性买断，以取得较低的进价，从而留有较大的降价空间。对于一些代销品，由于连锁超市公司一般在卖出后能够及时与供应商结算货款。因此，一般情况下，能得到供应商对降价的支持。

特价促销的要点如下。掌握特价促销的操作技巧，应把握两点。第一，降价幅度至少要在20%以上，才会产生明显的促销效果。但降价幅度超过50%以上时，必须说明充分理由，否则顾客会怀疑这是假冒伪劣商品，反而不敢购买。第二，少数几种商品大幅度降价，比商品普遍小幅度降价的促销效果好。知名度高、市场占有率高的商品降价效果好；反之，效果则差。

（2）样品派送

要注重样品派送活动的促销效果，超级市场可采取以下具体措施。

① 产品质量要有突破，要使其明显优于同类产品，让消费者使用一两次就能感觉出来。另外，派送样品之前，应在消费者中做小范围测试，只有在70%以上的被调查者认为该产品明显优于同类其他产品，并产生购买意愿时，才能在大范围内开展样品派送活动。

② 派送前应训练好派送人员，其态度应该诚恳，不能像施舍似的；派送过程中应使用规范用语，要求派送人员在派送样品的同时做简短的样品口头宣传，以提高效果，并对其工作予以考核。

③ 必须与广告宣传相互配合，这样会提高人们对样品的重视程度和兴趣。还应考虑设计一份问卷随样品一起派送，并及时收回，作为超级市场反馈给供应商的一种信息；也可在派送样品的同时发送传单，告诉消费者在何处能买到该种商品；广告宣传可以与样品派送同时进行，或广告在前，但在派送期间，广告宣传不能停止。

④ 必须在样品包装袋的最佳位置上，醒目地标出商标品牌，给消费者留下较深刻的印象，这样才能使他们在超级市场内认牌购买；而且超级市场要有足够数量的储备。否则，不但达不到促销目的，反而会打击消费者的购买热情，损害连锁超市公司的信誉。

3. 服务促销

"服务"是连锁超市公司巩固老顾客和开发新顾客的最重要的方法之一，连锁超市公司间的竞争，某种意义上就是服务的竞争。

其实，不讲利润的连锁超市公司是不被人们欣赏的，也是无法生存的。超级市场经营的基本原则，本来就应该是"为顾客提供价廉物美的商品与亲切服务，保证使顾客在购物时感到满足"。

"顾客是上帝"，要求保护顾客的利益，尊重他们的权益。这就为超级市场的服务促销指明了方向——超级市场应该使每位顾客都感受到被信任和尊重,应该为消费者提供善解人意的服务,让他们在超级市场购物甚至闲逛时,能够自由自在、自己主宰、自得其乐。

超级市场的服务促销是超级市场以某种方式、活动或劳务性工作向消费者提供的服务。常见的方式有商品介绍服务、订购服务、加工服务、送货服务、维修服务、培训服务、咨询与信息服务,以及日常便民服务项目促销活动,如代缴公用事业费,代售电影及晚会票,代收洗衣服,附售IC电话卡,自动提款机,冲洗相片,复印和传真服务,出售和出租书籍、录像带及游戏卡等。这些项目的开展不仅可以增加超级市场每日的客流量,促进商品的购买,还能使超级市场在其服务的社区内形成良好的企业形象。

4. 人员促销

超级市场人员促销主要指超级市场营业人员促销。但超级市场的销售过程十分强调顾客的"自助",即"自我服务",故一般只是在商品促销期间,或是当顾客有请求时,营业人员才会向顾客提供帮助。营业人员的主要任务如下。

(1) 巡视。在超级市场中,营业人员应以亲切、温和、细致的眼光巡视商场,观察顾客群,随时准备为需要咨询服务的顾客提供服务,并兼顾货架上翻乱商品的整理。

(2) 熟悉超级市场商品知识,包括商品原料、性能、质地、产地、使用方法、保管方法、真伪识别等商品知识,以备顾客咨询。此外,还应开展针对性介绍及演示,提高顾客的即兴购买欲,尤其是新产品,通过营业人员热情推荐,使新产品顺利推入市场。

(3) 发展与顾客的友好关系。超级市场多开在居民区,因此应努力培养老顾客,发展彼此间友好和信任的关系,使顾客把超级市场当成自己的家,把营业人员当成购物的好参谋,形成对超级市场商品的习惯性购买。

5. 公共关系促销

许多富有创意的公共关系(以下简称公关)促销活动,在极大促进销售的同时,使连锁超市公司的形象获得良好、适当的诠释。事实上,越来越多的顾客希望超级市场在更多的促销活动中加入公关服务。这种需求形态的转变,代表了一种新的趋势。凡是著名的连锁超市公司,都非常善于利用公关促销方式制造公关事件,扩大企业的知名度。而忽视公关,连锁超级市场将难以生存和成长。

例如,一个成功的公关促销案例,是××食品公司推动的"我们卖的,我们负责回收"活动——百分之百商品包装容器责任回收制活动。表面上看,这是一种纯公关活动,并不具备促销意义。但实际上,这类成功的公关活动,使政府官员和媒体得以避开"图利他人"的顾虑,挺身出来鼓励、赞扬这样的企业行为,还可以堂而皇之地解释说:"社会掌声鼓励的是良好的企业行为,而不是企业本身。"换句话说,该公司是 ABC 公司或 XYZ 公司并不重要,重要的是企业公关活动本身的说服力,说服力够强,推动这个活动的企业自然会成为最大的受益者。

公关活动的创意一定要新奇。相信从事超级市场工作的人员会觉得要做到这点很难,因为消费诉求及消费偏好的变化很快,似乎只在消费者的一念之间。在这种情况下,我们建议连锁超市公司必须做到:先对促销活动定位与企业定位的结合度、企业环境、竞争分析、企业资源条件、活动目的等方面进行综合性的评估,然后再确定企业公关促销活动的计划及其具体内容。

三、超市的节假日促销

受西方文化影响及中国自身因素的决定,形成了现代一系列的节假日,这些节假日对商场销售有最直接的刺激作用。对零售行业而言,每一个现代节假日的来临就意味着每一个商机的到来。因此需抓住时机,做好节假日卖场气氛布置,有利于吸引顾客来店,引导顾客消费。对提升节假日的销售额有着重要的作用。

每当节日到来之前,超级市场的促销活动便进入高潮,各种促销办法应运而生。下面就以我国香港的超市为例,介绍一下其主要节日促销的策略。

1. 精心布置"陷阱"

国外消费者杂志有关超级市场各种促销手法的报道显示,除了大量刊登广告及广设分店吸引顾客之外,店铺内还十分注意货品的包装摆设、展开特价告示牌及给顾客送礼品。

大型超级市场广设分店,可以造成轰炸式的宣传效果。每当消费者想购物时,脑海里就会出现这些超级市场的名称。

步入超级市场,更是"草木皆兵",店铺内贴满不同颜色的告示,显示某种货品以特价发售,刺激消费者的购买欲。即使消费者本来并不想购买某种物品,但基于人皆有之的"贪便宜"心态,也会认为是"天赐良机",于是便可能大量购买该物品。

同时,超级市场货品的价格每每渗入 2、7、8、9 等所谓的"神奇数字",使消费者对货品的售价产生一种错觉。

店铺推出特惠包装、散装食品,以迎合消费者预期物价上涨的心理。奉送赠品、代用品或抽奖等,虽是常有的陈年"招式",但效果依然良好。

此外,超级市场还有许多增加顾客对货品购买欲的招法。例如,有的超市将最能吸引顾客的特价商品置于远离入口处或收款处的地方,以延长顾客在市场逗留的时间,待顾客找到特价商品时,可能已"顺道"购买了很多并非特价的商品。又如,将一些利润较高的商品放在与视线平行高度的货架上,借以引起消费者的注意。甚至在收款机前摆放零食,以刺激消费者购买。

2. 以特价为"诱饵"

目前,中国香港的两大超级市场于每星期六都在报上大做所谓的"特价周"的广告。用 100 种比市价便宜一至两成的"特价货"引诱顾客。遇上冬至、圣诞节、元旦和春节等大节日,更是大加宣传。他们将原价为 20 多元一件的商品减至 19.9 元,使人产生十几元比二十几元便宜得多的错觉。

一位在超级市场工作的吴先生透露,一些超级市场集团有专门部门设计"特价货"的陈列。例如,以百佳集团为例,他们将最吸引人的"特价货"放置在市场入口特设的第一组陈列架上,其余的"特价货",则分布陈列在店内各处,务求使顾客走完市场一周,才能全部看完市场推销的"特价货"。

百佳集团还尽量美化店内环境,在入口处陈列各种新鲜、干净、排列整齐的水果蔬菜,加之购物车篮充足,灯火通明,甚至开设烤面包的柜台,通过这些色、香、味的引诱,消费者会"流连忘返",在不知不觉中向超级市场"贡献"出他们的金钱。

3. 从供应商那里要"特价"补偿

由于超级市场的货品一般都是直接从供应商那里进货的,他们在大量进货时已经有折扣,因此,超级市场的货品比一般零售店可便宜5%～10%。这一差价,可供超级市场将货品作为"特价"优惠,然后用特价"请君入瓮"。

"特价货"大部分是无利可图的,但由于供应商必须给市场支付一笔钱作为每周特价货的广告费和市场内的陈列费,特价费"曝光率"愈高,收费亦相应提高。同时,供应商还会给超级市场提供一个其他商店无法得到的折扣。这样一来,超级市场所谓的"亏本大甩卖"其实是不会亏的。

 知识补充

产品在超市如何实现"长期促销"

——主要现代节假日及其气氛促销方案

1. 元旦节——1月1日

元旦节有3天公假,又因元旦节处于春节前期,销售也较平日高出许多。

气氛促销时间:12月26日(圣诞节后一天)—3日(公假结束)。

元旦节可作为春节第一期手招的宣传主题,商品以贺年礼品为主。

海报广播重点放在春节促销和贺年礼品上。

2. 寒假

寒假时间通常为1月～2月。

因正值新春佳节时期,宣传主题丰富,寒假则不做专题宣传。可于寒假期间推出火锅滋补系列及火锅配料,临近开学时期做文具促销等。

海报、广播等宣传的重点基本上放在庆祝春节上面。

3. 情人节——2月14日

气氛促销时间:2月9日(提前5天)—14日(情人节)。

情人节在西方国家、日本等进步国家都是一个非常重要的节日。在我国,随着社会发展,情人节也日益受年轻一代男女的重视。情人节的活动主要有送鲜花、巧克力、与情侣聚餐等。

情人节不需要做专门的主题陈列,但可重点在鲜花、巧克力上做宣传,如手招、海报、广播宣传等。另外,可提前5天推出"情人节巧克力花束",元宵期间也可以销售。

4. 妇女节——3月8日

气氛促销时间:3月1日—15日(为期半个月)。

妇女节虽然不是大节日,但是该节日刚好处于销售开始下滑的3月,多数商场都会利用妇女节这一宣传主题大做文章,以缓减销售下滑的幅度,这对于商场促销起战略性作用。厂家此时应及时推出系列促销活动,卖场气氛在促销方面也需要加强。

主要内容如下。

(1)主题陈列

商品:妇女用品、保健品、化妆品、清洁用品等堆头陈列。

各分店设立妇女用品特卖区,将推出商品集中陈列。

装饰:可将宣传主题用美工书写成大字装饰陈列区。

(2)手招宣传

妇女节推出特价商品专版宣传、简要促销活动介绍等。

(3) 海报、广播

促销活动海报、广播宣传、妇女特价商品推介等。

5. 消费者权益保护日——3月15日

气氛促销时间：3月1日—15日(为期半个月)。

备注：其时间段与妇女节促销相同。

商家为了树立自身的质量形象，可推出咨询、解答、质量保证等活动。卖场气氛促销可做质量宣传横幅、质量宣传墙报等。

(1) 手招、横幅

手招可刊登相关质量保证活动及咨询、解答门店。

横幅按质量监督局规定的文字制作及悬挂于规定的门店。

(2) 墙报、海报、广播

6. 劳动节——5月1日

商场应十分重视劳动节的假期。许多人将外出旅游，因此五一期间要有相应的卖场气氛促销以吸引顾客和引导消费。

气氛促销时间：4月24日(提前一周)～公假结束。

卖场气氛促销内容如下。

(1) 主题陈列

商品：商品陈列重点放在旅游用品上，各店设立旅游用品区，配以特价销售。因时近夏天，天气渐热，商品选择也可多从夏季商品考虑。

装饰：前期将有专门制作的五一吊旗下发，其他装饰需要靠各店美工充分发挥创意。

(2) 手招、吊旗

五一手招以商品特价为主，附带促销活动简要宣传。

五一吊旗以促销活动主题做宣传。

(3) 墙报、海报、广播

墙报可作为旅游路线、旅游注意事项的介绍。

7. 母亲节——五月的第二个星期天

气氛促销时间：5月1日～母亲节当天。

母亲节可作为五月上旬的一个促销主题，宣传可做手招、海报、广播等。母亲节的礼物通常有康乃馨、贺卡、保健品、化妆品等。主要特价商品做堆头陈列，店面可用康乃馨、贺卡做气氛布置。

8. 儿童节——6月1日

气氛促销时间：5月20日(提前10天)～6月1日(儿童节)。

在儿童节，所有商品、活动、店面气氛布置都需要围绕着小孩而进行。例如，因民润市场的玩具商品比重较低，儿童节期间店面虽然不需要做大型的主题陈列。但店面可在儿童节期间增加玩具的陈列量，用气球、儿童趣味活动等增加节日气氛。

手招上可有玩具、雪糕、小食品等。

利用海报、广播对儿童节活动做宣传。

9. 父亲节——六月的第三个星期天

气氛促销时间：6月1日(或6月15日)～父亲节当天

父亲节与母亲节类似,不过重视程度较母亲节稍低,不做大型主题陈列,对相应的男士用品集中陈列于促销车内即可。

如有针对父亲节的专题促销活动,各店用海报和广播做宣传。

10. 暑假

暑假时间通常为7月~8月。

因为7月、8月是销售回升的季节,因此需要做好系列促销活动和门店气氛促销,以使销售得到较大幅度的提高。

气氛促销内容如下。

(1) 主题陈列

夏季可选择的商品非常多,如水果、饮料、雪糕、风扇、防蚊虫用品、旅游用品、家居清洁用品等。夏季陈列的重点可放在水果和饮料方面,水果、饮料均选择最佳商品做大型堆头陈列或特殊气氛陈列。其他夏季畅销品种也要尽可能地将其选出并做大量的陈列。

店面饰物可用绿色的、带有清凉气息的竹子、绿草,或人造假树、假枝等专门针对水果堆头做布置。

(2) 手招、吊旗

各式各样的夏季畅销品都是做手招宣传的最好内容。在暑期,公司也要推出一定的促销活动以刺激销售,亦可在手招上简要介绍。

暑期吊旗的制作采用绿叶的颜色作为背景,可帮助店面增加夏季清凉的气息。吊旗内容可为促销活动内容及供应商的宣传。

(3) 海报、广播

因暑期特价商品、促销活动丰富,各店和宣传的内容很多,店面可根据实际执行情况重点介绍。

11. 教师节——9月10日

气氛促销时间:9月1日(提前10天)—10日(教师节)。

教师节最流行的当属给教师送贺卡,因此店面的气氛促销需放在贺卡上。门店可自行将贺卡与其他商品组合并包装销售,如笔、笔记本、墨水、康乃馨、巧克力、糖果等都可以与贺卡组合进行销售。

因9月促销主题丰富,教师节无须做专门主题上手招,附带宣传即可。

海报、广播可详细介绍,如凭教师证优先或打折等促销活动项目。

12. 国庆节——10月1日

国庆节有7天的长假,是旅游的旺期。国庆假期是一年当中一个销售的"黄金周",因此同样要给予高度的重视。

气氛促销时间:9月25日(提前一周)—10月7日(公假结束)。

气氛促销内容如下。

(1) 主题陈列

商品:主题陈列的商品除了要选择旅游商品之外,送礼的礼品、入秋的畅销品也要加强陈列。各店可设立旅游用品区、送礼佳区等,须要起到引导消费的作用。

装饰:店面装饰要比五一假期加强,总部会统一制作庆祝建国周年的大型横幅,门店里面也要布置出喜庆的气氛。

(2) 手招、横幅

手招宣传特价商品和促销活动。

横幅以庆祝国庆节为主题。

(3) 墙报、海报、广播

墙报内容包括国庆节专栏、旅游推介、促销活动等。

海报、广播除需要对促销活动做详细介绍之外,其他内容自选做宣传。

13. 圣诞节——12月25日

圣诞节对西方国家来说是最盛大的节日,好比中国的春节。中国深圳广受西方文化的影响,圣诞节越来越受人们(特别是年轻一代)的重视。圣诞节期间送圣诞卡、圣诞礼物已经成为学生和老师之间、亲朋好友之间传递感情的重要活动。

气氛促销时间:12月1日(提前25天)—25日(圣诞节)。

门店气氛促销如下。

(1) 主题陈列

商品:圣诞卡、圣诞老人帽、喷雪、礼品、糖果、饼干、趣味玩具等。

装饰:圣诞树、彩灯、彩带、吊铃、小人、梅花鹿像、圣诞老人像等圣诞装饰品;店面可用泡沫打散制成雪花、吊雪等;店面员工可打扮成圣诞老人在门口派发糖果等。总之,要使顾客一进门店就能感觉到下雪的气氛和西方圣诞节华丽的景象。

(2) 手招、吊旗

将圣诞节作为一期手招主题做宣传。

总部制作专门的圣诞吊旗下发店面以加强店面的圣诞节气氛。

圣诞吊旗和店庆吊旗共同制作(可各占一面,也可制作两份吊旗)。

(3) 海报、广播

对圣诞节促销活动、特价商品做宣传等。

14. 其他节假日

现代节假日除上述内容之外,还有许多较小的节假日,如护士节——5月12日、电信日——5月17日、无烟日——5月31日、国际牛奶日——6月1日(可做牛奶促销)、奥林匹克日——6月23日、国际老人节——10月1日、邮政日——10月9日。

还有许多国际性的小节日未列出,门店可于节日当天(或提前一天)做简单海报和店内广播介绍即可。

四、超市促销活动从设计到实施的流程

超市促销活动从设计到实施的流程见图3-1。

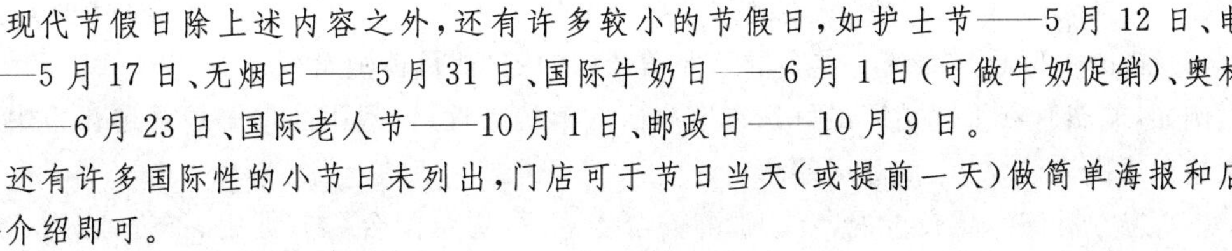

促销计划的制订 → 促销策划创意确定 → 促销策划文字方案确定 → 确定方案实施的保证 →

卖场促销谈判(与媒体和厂家/供应商) → 签订促销谈判合同 →

对促销谈判的结果及促销方案进行最终审议、评定 → 报总经理决策 → 促销活动实施

图 3-1 超市促销活动从设计到实施的流程

五、超市促销活动中厂家的准备要点

有了明晰周密的执行计划,准备工作就因为有条理而变得容易多了。但是在具体执行准备工作的过程中也有一些容易出现的陷阱和技巧。准备工作需注意以下要点。

(1) 准备工作责任到人,规定完成时间、检核人,促销前确认各项工作到位。

(2) 如果活动的策划和执行非同一个团队进行,则活动前策划人要对执行人以口头、书面、图标、现场演示等方式充分说明方案内容,同时策划方应派人全程跟进执行过程予以辅导。

(3) 陈列、上货、广宣品布置等工作尽量在前一天晚上做好,尽量避免活动当天才去做,更不要在店方生意高峰期做生动化,以免引起现场混乱,造成店方不便。

(4) 活动前应制作相关人员通讯簿,保证通讯畅通,同时了解促销过程中店方的联系人(如柜组长)是谁、联系方法,以及出现严重问题店方的负责人是谁(如店长、经理),如何联系。

(5) 活动前要与店方达成礼品赠品的安全共识。超市的工作人员常常会向促销人员索要赠品、礼品,所以最好在促销前与店方达成共识,请店方管理人员约束工作人员,在促销期间任何人不得向厂方促销人员索取礼品,促销结束后可由厂方促销负责人向店方赠送一部分礼品。

六、厂家制定卖场促销策划方案的流程

(一)选择合适的卖场,签订促销协议

(1) 选择人流量大、形象好、地理位置好的卖场。

(2) 超市定位及其商圈的顾客群与促销产品的定位、目标消费群一致。

例如,玻璃瓶汽水促销店最好选在家属区或学校附近;休闲用品促销最好选在市中心高形象超市或高尚住宅区、商务区超市。

(3) 店方对该产品较重视,有较强烈的合作意愿,愿意配合厂方促销、备货、陈列、让利、宣传、定价;双方达成共识后,可由厂家填写促销活动申请表,后交予超市采购主管。

(二)制定有诱因的促销政策

(1) 师出有名:以节庆贺礼、新品上市之名打消变相降价促销的负面影响。

(2) 有效炒作。

① "活动名"要有吸引力、易于传播。例如,某米酒厂家在酒店推广产品的加热饮用,将促销命名为"青梅煮酒论英雄",雀巢加咖啡送咖啡杯名曰"红杯欢乐送(颂)"。

② 赠品绰号要响亮。例如,肯德基的球星塑料人起名为"超酷球量派对"。

③ 赠品价值要抬高。例如,缤纷夏日防紫外线秘籍——太阳扇。

④ 限量赠送做催化。消费者总是买涨不买落,让消费者在活动现场看到赠品堆放已经不多,旁边赠品空箱子倒是不少,这种"晚来一步就没有赠品"的感觉会大大促进消费者的购

买欲。

（3）尽量不做同类产品搭赠（如"买二送一"），免有降价抛货之嫌，结果可能"打不到"目标消费者，反而"打中了"贪便宜、低收入的消费群。

（4）可用成熟品牌带动新品牌捆扎销售，但要注意两者档次、定位必在同一层次上（如果老品牌已面临种种品牌危机、形象陈旧就不可取）。

例如，可口可乐公司的主力产品之一雪碧，尤其在二三级城市很受欢迎。醒目是该公司继雪碧、芬达之后推出的又一新品牌，目标市场定位与雪碧相近。醒目上市与雪碧捆扎销售，在二、三级市场取得了良好效果。又如，名噪一时的三株公司推出新品，与老产品三株口服液捆扎销售，但其老产品因为长期广告诉求对消费者承诺过高，同时又面临重大消费者投诉，品牌形象较差，与新品搭售反而拖了新品的后腿，最终以失败告终。

（5）面对消费者的促销政策坎级不宜太高，而且要提供多种选择。例如，买1袋/包送透明钥匙包一个；买2袋/包送荧光笔一支；买5包送飞镖玩具一套；买1箱送T恤衫一件。

（6）限时限量原则。与超市合作的买赠、特价促销，一定要注意在促销协议中明确限时限量，否则在促销期间出现赠品/特价产品供货不足，会面临罚款、清场的危险。

（三）组建终端促销队伍

1. 促销人员的作用

促销人员在终端促销过程中起到非常关键的作用，一方面，促销员通过对终端的理货，使终端现场生动化，通过现场宣传海报、立牌、灯箱等合理配放，营造出气氛，让本来没有活性的商品展现一定的个性；另一方面，促销员的工作热情、产品知识、导购技巧等都能从不同的方面刺激消费者的不同神经，促进消费者产生购买行为。特别是在竞争激烈的行业，促销队伍的组建更是非常重要的。

2. 促销队伍的分类

促销队伍可以分为专职促销队伍和兼职促销队伍两种。不同产品的不同促销方式有不同的侧重方面，两种促销队伍各有优劣势，在组建促销队伍时要充分考虑产品的特性和消费者的购买习性。

（1）专职促销队伍。专职促销员有良好的培训和丰富的实战经验，在临场发挥时通常较好，更能抓住消费者的心理。但专职促销队伍的费用比较大，如果产品不是热销产品、又是季节性较强的产品，专职促销员太多是一种浪费。

（2）兼职促销队伍。兼职促销员随机性较强，可以现用现招聘，但临时性促销队伍对企业、产品及消费心态的把握稍差。当然如果对其进行及时培训，激发其热情，不仅会有新意出现，又可以降低运营成本。所以，兼职促销队伍是竞争激烈的行业必不可少的一部分。

3. 促销队伍的合理搭配与使用

综合专职促销队伍和兼职促销队伍的优劣势，在竞争的激烈环境中，产品想做出不俗的业绩，企业必须对这两种促销队伍进行合理搭配。一般来讲，专职促销人员可少些，产品旺销时是做促销工作，相对淡季时进行内部学习，并且帮助各代理商、经销商进行销售人员的培训；兼职促销人员可从各大、中专院校招聘，在销售旺季到来之前进行招聘和系统培训，培训时注意，除了进行专业知识的培训外，还要对他们进行企业文化方面的培训，让他们接受公司的文化,使他们的价值观和企业价值观一致,这样才能从本质上提升他们的工作积极性和热情,使他们感觉到自己"不是单纯地为了金钱来做的兼职,企业要求的行为规范对他们的将来会有很大的帮助,激发他们发自内心地想做好这份工作。"

另外,要给培训好的兼职人员建立人事档案,和正式员工一样对待他们,在每个城市都建立相对固定的兼职队伍,淡季没成本,旺季促销时,兼职队伍又相对熟练。这样既节省了成本,又增加了竞争力,起到"四两拨千斤"之功效。

(四)广宣品设计原则、内容和赠品选择原则

1. 广宣品设计原则、内容

(1) 广宣品设计原则

广宣品风格应与目标消费群心理特点一致。例如,运动饮料宣传品基调:与体育赛事结盟、活力迅速补充体力;中低价食品宣传方向:更实惠、更大克重、更多鸡蛋、更营养;儿童用品宣传风格:产品好吃/好用、赠品好玩、卡通化的诉求方式。

(2) 促销 POP 标价和内容

促销价与原价同时标出,以示区别;尽可能减少文字,使消费者在三秒之内能看完全文,清楚知道促销内容;在销售终端,醒目的货架标志可卖出更多的商品。世界著名的食品业巨人纳贝斯克食品有限公司积其多年的促销经验认为,折扣标志可增加销量的23%,产品确认标志可增加销量的18%。由此可见,厂家应最大限度地利用货架条框、挂旗、宣传卡、海报等POP。

① 在 POP 的运用过程中,可能出现一些问题:设计水平达不到表现产品的目的;摆放凌乱的 POP 造成店面的混乱、无序;POP 材料使用不当,易污染、易折损,反而影响广告促销效果。

② 在 POP 的使用中应注意的问题:设计应独具风格,以醒目、亲切、诱人的感觉唤起消费者愉悦的心情和购买的欲望;POP 的布局应协调、合理并引人注目;POP 的选材、形式应能充分利用光、彩、音、动及其组合以完成现场促销要求;时时保持货架和 POP 的清洁度,并及时更换陈旧的 POP。

(3) 巧写特价

部分城市物价局规定不准在海报上标出原价及特价对比字样,这种情况可把最不好销售的口味写原价、其余口味写优惠价(如海鲜味为 2 元/包、其余口味为 1.8 元/包),消费者自然明白。

(4) 师出有名

冠以新品上市、节庆贺礼等"借口"。

(5) 写清楚限制条件

如限购 5 包/人、周末促销、限量销售,售完为止、××号之前有效等。

2. 赠品选择原则

(1) 尽可能是新颖的常见用品。使消费者一看就知道是否实惠而且又受其新颖的造型外观所吸引(太"生僻"的赠品,如魔方笔、蹬山刀,消费者不知道用途或用途不广泛,难以接受)。

(2) 高形象,低价位。例如,挂表、围裙、T恤、计算器等价值感较强,但采购成本又较低。

(3) 最好有宣传意义,如围裙、T恤、口杯。

(4) 与目标消费群的心理特点及品牌定位相符。例如,运动饮料赠奥运小纪念品;某中低价方便面赠味精;碳酸饮料赠便携摩丝、滑板、透明钥匙包。

(5) 赠品价值为产品价值的5%～20%,过低没有促销效果,过高会起负面作用。

(五) 根据活动规模确定促销人员数量、产品储备数量及物料需求

(1) 效果预估:指根据所选超市的历史销量,综合考虑促销政策对产品流速带来的影响,做出促销期间产品销量的预估。

(2) 费用预估:根据销量预估配备相应的物料,如广宣品、礼品;并根据所选超市的规模和促销期长短,预估销量,准备相应的促销人员预算。

(六) 明确厂家推销员回访频率,维护活动效果

如果促销期大于1天,那么及时补货、陈列、保证场内货品充足、陈列整齐标准就成了很容易疏忽,也很容易出问题的工作。所以有必要在促销案中将产品的备货、陈列、广宣品布置等责任落实到具体人身上;促销期内,厂家推销员对促销超市保持2天/次的回访频率,对超市全品项充足供货负责;驻场促销人员负责超市内的陈列、明码标价、广宣品推广、赠品管控和断货警示工作。

(七) 各项人员、物料准备工作有完成排期表

实质性的准备工作需细分责任,落实到人,规定完成时间,避免某项工作出现疏漏而影响整体进程。

示例:

背景:某乳品企业计划于10月1日—7日在星光超市做买乳品赠礼品的促销活动,活动方案已制订并审批通过,并设有专项的促销活动组,包括项目经理1名、活动组人员2名、促销主管1名(为突出此次促销活动的效果,礼品、广宣品项目单独订购制作)。

活动准备排期表见表3-1。

表3-1 活动准备排期表

工作项目	要求	准备时间	完成时间	执行人	跟进人
广宣品设计、采购广宣品	设计周期为2天,交项目经理审核通过。采购制作周期为3天,9月5日前提交给项目经理	9月1日—5日	9月5日	采购部人员/促销活动组人员A	采购经理/项目经理
礼品制作	制作周期为5天,样品交项目经理审核通过,9月5日前提交促销活动方案给项目经理	9月1日—5日	9月5日	采购部人员/促销活动组人员B	采购经理/项目经理

续表

工作项目	要求	准备时间	完成时间	执行人	跟进人
确认促销超市	向店方书面展示促销政策,并就备货、定价、提供场地、广宣品布置方式、厂方促销人员数量、促销区域等签订协议,并获得驻场促销人员核准手续	9月5日—20日	9月21日	厂家推销员A/项目经理	项目经理
与店方洽谈供货事宜	确认在促销日前店方有充足、全品项备货	9月25日—28日	9月28日	厂家推销员A	项目经理
再次与店方确认促销配合事宜	持已签订的促销协议与店方洽谈,再次确认	9月28日—29日	9月29日	厂家推销员A/项目经理	项目经理
促销人员招聘活动	招聘熟手促销人员5名(有当地身份证、健康证,有担保人),按促销培训指引进行岗位培训	9月1日—5日	招聘:9月20日~9月28日 培训:9月28日	促销主管负责	活动组员工A、B协助项目经理
促销开始前店内广宣品、产品备货、陈列达到设定要求	促销方案中对促销现场的备货、陈列、标价、码放等做出详细规定(最好有现场模拟图),促销前一天要求全部到位	9月29日—30日	9月30日	厂家推销员A/促销活动组全体人员	项目经理
确认准备工作已全面落实	促销全部内容已与店方达成共识,并确认;物料齐备;促销店产品供货、陈列、广宣品、标价合乎要求;促销人员就位岗前培训合格	9月29日—30日	9月30日	项目经理	销售经理
安排促销人员进场开始促销	促销第一天促销活动组全体人员到场,项目经理全天跟进,及时纠偏,销售经理当天审查促销效果	10月1日	10月1日	项目经理	销售经理

(八)建立信息汇报记录工具

各岗位、各工作环节之间建立必要简洁的信息汇报记录工具,见表3-2,畅通检核、督办、复命渠道和增加预警危机处理功能。

表3-2 信息汇报记录工具

信息汇报表名称	填报人	内容	汇报人
厂家推销员回访要求及工作日报表	厂家推销员	各超市回访时间、检查备货陈列情况记录、跟进工作记录	项目经理/销售经理
促销人员工作日报表	促销人员	各人当日赠品领用、消耗、退回情况;当天促销业绩;赠品流量反馈;其他异常信息	促销现场负责人(如促销主管)

续表

信息汇报表名称	填报人	内容	汇报人
促销日报表	促销现场负责人（如促销主管）	当日整体促销业绩、促销人员考勤评分、赠品领用消耗退回数量；赠品信息反馈、其他异常信息	项目经理
促销效果检核表	指定促销检核人员（如项目经理、销售经理）	促销现场布置；在促销人员工作态度、技能与店方合作状况等方面做出检核记录	项目经理/销售经理

（九）超市促销活动总结要点

（1）促销前销量与促销期销量的曲线图、柱形图对比。

（2）促销前超市利润与促销期超市利润的曲线图、柱形图对比。

（3）现场照片。

（4）活动总费用汇报、活动总销量汇报、费用占比。

（5）赠品信息、消费者直接/间接参与人数、店方合作意愿及意见、建议汇报。

（6）项目经理携责任厂家推销员再次拜访卖场负责人，通过现场照片、前后销量对比、利润对比等工具"对店方做出汇报"，旨在传输此次活动是双方受益，对店方带来销量利润及店头形象改善的利益，听取店主的意见和建议，进一步增进双方的合作关系。

（7）活动组召开总结会，总结此次活动的成功之处和不足的地方，以及所吸取的教训，提出改良意见。

（8）对促销方案中岗位职责、培训资料、准备工作排期表等的进一步修改完善，为下次活动做好经验积累，以及对相关人员的工作绩效考评和奖罚。

（十）卖场促销活动现场执行的注意事项

（1）促销第一天，销售人员/促销负责人员和执行人员要提早到场，再次确认准备工作到位，整理广宣品、陈列及标价。当天主管要全程跟进，了解准备不足和方案欠妥之处，以备调整改善，并对促销人员进行现场辅导和培训。

（2）促销期越长，越容易出现断货现象，必须规定销售人员高频回访，检核库存，确保库存安全。

七、厂家促销方案策划书的基本内容

（一）活动目的

对市场现状及活动目的进行阐述。市场现状如何？开展这次活动的目的是什么？是处理库存，是提升销量，是打击竞争对手，是新品上市，还是提升品牌认知度及美誉度？只有目的明确，才能使活动有的放矢。

（二）活动对象

活动针对的是目标市场的每一个人还是某一特定群体？活动控制在多大范围内？哪些人是促销的主要目标？哪些人是促销的次要目标？这些选择的正确与否会直接影响到促销的最终效果。

（三）活动主题

在这一部分,主要是解决以下两个问题。

（1）确定活动主题。是降价、价格折扣、赠品、抽奖、礼券、服务促销、演示促销、消费信用,还是其他促销工具？选择什么样的促销工具和什么样的促销主题,要考虑到活动的目标、竞争条件和环境及促销的费用预算和分配。

（2）包装活动主题。在确定了主题之后要尽可能艺术化,淡化促销的商业目的,使活动更接近于消费者,更能打动消费者。例如,爱多 VCD 的"阳光行动"堪称经典,把一个简简单单的降价促销行动包装成维护消费者权益的爱心行动。

这一部分是促销活动方案的核心部分,应该力求创新,使活动具有震撼力和排他性。

（四）活动方式

这一部分主要阐述活动开展的具体方式。有以下两个问题要重点考虑。

（1）确定伙伴：是厂家单独行动,还是和经销商联手？或是与其他厂家联合促销？和政府或媒体合作,有助于借势和造势;和经销商或其他厂家联合可整合资源,降低费用及风险。

（2）确定刺激程度：要使促销取得成功,必须使活动具有刺激性,能刺激目标对象参与。刺激程度越高,促进销售的反应越大,但这种刺激也存在边际效应。因此必须根据促销实践进行分析和总结,并结合客观市场环境确定适当的刺激程度和相应的费用投入。

（五）活动时间和地点

促销活动的时间和地点选择得当会事半功倍,选择不当则会事倍功半。在时间上尽量让消费者有空闲参与,在地点上也要让消费者方便,而且要事前与城管、工商等部门沟通好。不仅发动促销活动的时机和地点很重要,持续多长时间效果会最好也要深入分析。持续时间过短会导致在这一时间内无法实现重复购买,很多应获得的利益不能实现;持续时间过长,又会引起费用过高而且市场形不成热度,并降低顾客心目中的身价。

（六）广告配合方式

一个成功的促销活动,需要全方位的广告配合。选择什么样的广告创意及表现手法,选择什么样的媒介炒作,这些都意味着不同受众的抵达率和费用投入。

（七）前期准备

前期准备分为以下三个方面。

（1）人员安排：在人员安排方面要"人人有事做,事事有人管",无空白点,也无交叉点。谁负责与政府、媒体的沟通？谁负责文案写作？谁负责现场管理？谁负责礼品发放？谁负责顾客投诉？要各个环节都考虑清楚,否则就会临阵出麻烦,顾此失彼。

（2）物资准备：在物资准备方面,要事无巨细,大到车辆,小到螺丝钉,都要罗列出来,然后按单清点,确保万无一失,否则必然导致现场的忙乱。

（3）试验方案：由于活动方案是在经验的基础上确定的,因此有必要进行试验来判断促销工具的选择是否正确,刺激程度是否合适,现有的途径是否理想。试验方式可以是询问消费者、填调查表或在特定的区域试行方案等。

（八）中期操作

中期操作主要是活动纪律和现场控制。

纪律是战斗力的保证,是方案得到完美执行的先决条件,在方案中应对参与活动人员的各方面纪律做出细致的规定。

现场控制主要是把各个环节安排清楚,要做到忙而不乱、有条有理。

同时,在实施方案过程中,应及时对促销范围、强度、额度和重点进行调整,保持对促销方案的控制。

（九）后期延续

后期延续主要是媒体宣传的问题,对这次活动将采取何种方式在哪些媒体进行后续宣传。

（十）费用预算

没有利益就没有存在的意义。对促销活动的费用投入和产出应做出预算。例如,爱多VCD的"阳光行动B计划"以失败告终的原因就在于没有在费用方面进行预算,直到活动开展后,才发现公司根本没有财力支撑这个计划。因此,一个好的促销活动,仅靠一个好的点子是不够的。

（十一）意外防范

每次活动都有可能出现一些意外。例如,政府部门的干预、消费者的投诉、甚至天气突变导致户外的促销活动无法继续进行等。必须对各个可能出现的意外事件做必要的人力、物力、财力方面的准备。

（十二）效果预估

预测这次活动会达到什么样的效果,以利于活动结束后与实际情况进行比较,从刺激程度、促销时机、促销媒介等各方面总结成功点和失败点。

第四章

卖场促销督促与人员管理

一、对促销员的基本要求——礼仪、服装、工作纪律

(一) 日常基本要求

(1) 促销员是否按规定着装。促销员的衣着最能体现企业及产品形象,因此要严格要求促销员的着装标准。

(2) 活动设备是否按要求摆放。每次不同产品的促销活动,要用的设备也不同。在每次促销方案培训中要明确活动设备的用途及布置情况。检查促销员是否将全部设备按要求布置。

(3) 促销活动区域的清洁情况。

(4) 促销员在促销过程中是否积极主动地接触消费者,做到坚持不懈、锲而不舍。

(5) 促销员的声音。如何才能使促销活动在众多竞争中脱颖而出,就要求促销员的声音非常突出。

(6) 促销员是否按要求执行活动。

(7) 促销员是否按照正点上下班。

(8) 促销员工作周报表、促销员工作日报表是否填写认真、正确。

(二) 基本业务要求——检核方式、需填表单、薪资

(1) 确保个人零售任务的完成,包括在零售终端商品的占有率、销量目标、促销活动目标等。此项可直接纳入评估体系,作为工资发放中的主要考核指标。

(2) 品牌推广:掌握产品知识,向顾客积极推广商品,解答各类咨询。

(3) 提升、维护产品品牌形象:配合产品促销活动的实施,无条件地服从安排,提升驻店商品的销售额。

(4) 销售数据的收集:产品销售数据;收集竞争品牌销售数据及市场信息;促销活动的反馈。

(5) 店内厂家产品和POP宣传资料的规范展示,专柜、灯箱、门头等宣传物资的申请与维护。

(6) 与零售商建立良好的沟通合作关系。

(三)薪资标准

1. 各区域促销员的工资及销售提成计算

底薪标准:根据公司总部审核批准的文件为准。

提成标准:以公司总部最新提成标准文件为准。

工资计算架构:底薪+提成(基本量+任务量)。

2. 临时(兼职)促销员管理方式

工作职责:在促销现场直接向消费者介绍、推销产品,派发传单,协助布置促销卖场等。

工资计算架构:日薪+提成。

备注:具体日薪和提成以公司市场部下发的文件为准。

保底销量:以公司市场部下发的活动文件为准。

二、进行促销员的选配与培训

促销员素质的优劣是促销活动能否成功的关键,一般来说,促销员应具备与人相处、赢得他人信任与好感的能力,富于进取心和自信心、精力充沛、善于交流。同时还应有良好的职业道德和丰富的业务知识。促销员被选定后,在执行促销项目之前,必须进行促销人员基础和促销项目专案培训。

(一)促销员的招聘

(1)广告招聘:这是一种最常用的形式,在报纸上刊登招聘广告,或者直接把招聘海报张贴在学校(主要指招兼职促销员)。

(2)通过职业介绍所提供招聘信息。

(3)经销商员工推荐。

(4)促销员介绍其同学、朋友加入。

(二)促销员甄选程序

(1)通过初步面试来判定申请人的态度是否诚恳,语言表达能力如何,是否具备一般促销员的条件。

(2)填写申请表,申请表内容包括个人资料及相关证件、联系方式、学历背景、应聘条件、相关工作经验等。

(3)资格评选,筛选出符合标准的促销员。

(4)决定录用并通知促销员参加基本培训。

(5)通过厂方和超市的综合上岗培训后,被录用的促销员统一和厂家签订用工协议(期限为一年),试用期一般为三个月,试用期合格后,方可转正。

(三)促销员培训

对促销员的培训要有详细的培训计划和明确的培训目标,并由经验丰富的专业人员指导(可聘请当地优秀促销员当指导教师)。促销人员培训的内容是根据培训目标来确定的。通常培训的内容包括以下几方面。

(1) 企业情况,如企业的发展历史、行业地位、科学家团队、长远发展规划等情况。

(2) 产品知识,如产品结构、产品性能、产品质量、产品技术先进性、产品用途、产品使用、保养和维修方法等。

终端营业,如POP、样机等怎么布置,对顾客应该怎样讲解,早晨上班顾客未来之前首先应该干什么等。

(3) 市场情况。市场情况通常包括以下四大方面的内容。

① 消费者职业、身份、地位、收入、信用、购买心理、购买动机等情况分析和识别。

② 法律、税收等要求。

③ 了解竞争产品知识尤其是缺点、零售价、促销信息等。

④ 促销活动介绍：促销方式、内容的介绍；促销活动流程及促销员所要担任的角色,即主要干什么、应该怎么做；促销设备、仪器的使用方法；促销员奖惩制度说明；聘请当地优秀和有经验的促销员、商场营业员当指导教师,定期为他们培训,讲解如何向顾客推荐产品,另外赠送关于促销及生活类的书籍给促销员看等。

三、制定促销员的奖惩与考核机制

建立合理的报酬制度有助于激发促销人员的工作热情,促使其积极地开展业务。同时,促销员管理者还必须通过各种形式的刺激,使促销人员发挥出较高水平,振奋促销人员及其组织的士气,提高销售量,使促销业绩创出新纪录。

1. 促销员的报酬制度

一般支付促销人员的劳动报酬制度通常有以下两种。

(1) 直接薪金制,按促销工作时间支付,如周结等。

(2) 薪金加奖励制度,固定的薪资加奖金,薪金占30％～90％。

2. 促销员奖励

促销员奖励是指除促销人员的薪资外的,在促销取得良好的业绩时,给予一定的奖励。对促销人员的奖励可以分为物质奖励与精神奖励。

(1) 物质奖励

① 奖金。在业绩达到一定目标时支付奖金,此法应用较为普遍。

② 奖品。属于实物奖励范畴。例如,达成150％业绩者,均赠摩托罗拉"掌中宝"手机一部。

③ 旅行。对业绩突出的促销员,准许其一定期间的旅游,并提供一定金额的旅费来作为相应奖励。

(2) 精神奖励

一个人除物质上的满足与需求外,还要追求精神上的满足与需求,所以对促销人员的奖励也可采取精神与物质双管齐下的办法进行。

精神上的奖励对已有一定收入的促销人员来说意义重大。这通常包括以下两方面。

① 职位提升。促销员在取得一定的促销业绩后,可以提升为促销员班长、组长,兼职促销员可以提升为专职促销员、助理促销员、促销督导等作为奖励。

② 名誉褒奖。在取得优良业绩后,授予促销员月度促销奖、月度促销明星、年度促销奖、年度促销优胜奖等。

(3) 感情投资

定期组织促销员聚会、看电影、唱卡拉 OK,为促销员开生日会,节假日赠送促销员如钱包、手提包这样的精致小礼物,以此来建立促销员对商家的归属感。

总之,通过对促销员的一系列奖励措施可以激发其潜能、主观能动性,使其更加积极地投入到工作中。

四、促销员监控及考核

(1) 制定促销员考核表。在促销活动执行过程中,对促销员的监督、管理尤为重要。因为促销效果的好坏与促销员的努力是密不可分的。为了更好地达到促销的目标,可以通过相关指标对促销员进行评分考核。

(2) 每周召开促销工作人员周会,统计销量,评估业绩,宣读检核结果,了解存在的问题,及时互动以寻求改进。

第五章
店面销售额情况分析与汇报

一、采购、销售的相关概念

(1) 销售量(sales quantity)：简称销量，即销售的数量，真正意义的销售量应扣除顾客退货的数量。

(2) 营业额(sales)：或称为销售额或者业绩，是所有单品的销售量乘以当时售价的总和。营业额是判断一个单品、部门、门店或者公司绩效好坏的重要指标。净营业额是指营业额减去顾客退货额的净值数。

(3) 进价(buying price)：通常指含税进价(电脑系统实际是按"未税进价"来计算毛利的)，进价的决定因素包括：采购及销售人员的素质与谈判技巧、买卖双方的实力、供需的状况、付款条件、其他交易的条件与要求、供应商的地区性营销策略、供应商的获利状况及买方的市场定位和进货数量等。在电脑系统中指扣除折扣后的进货价格。

(4) 售价(selling price)：通常指含税售价(电脑系统实际是以"未税售价"来计算毛利的)，采购人员对A类或者B类商品的售价极为敏感，经常做市场调查，有助于培养采购人员对价格的敏感度。

(5) 成本(cost)：即"净进价"减去"折扣"加上运输费，通常运输费已经包含在进价里面。是指：已进货商品——最后一批商品的到货价。未进货商品——商品第一次销售时所对应电脑建档时的进价。

(6) 毛利(profit)：单品的毛利是指收银台的售价减去成本的数值的总和，部门的毛利则是该部门单品的毛利总和；公司毛利则为所有部门的毛利的总和；净毛利额则为总毛利减去顾客退货商品的毛利。

(7) 毛利率(margin)：净毛利除以净营业额的数值就是毛利率。卖场的毛利率不会太高(如超过30%)，否则容易被竞争对手跟价，影响价格形象。但对于一次性买断的商品，毛利率可以大幅提升，以提高利润。

二、销售目标的建立

(一) 销售目标的组成

(1) 销售额目标。

(2)毛利目标。
(3)增加销售网点目标。
(4)货款完全回收目标。

(二)实现销售目标的关键

销售经理要具体细致地将上述各项目标分解给厂方推销员、经销商,再配合各项销售与推广计划,来协助厂方推销员、经销商完成月别、季别、年度别或产品别、地区别的销售目标。

三、销售额情况分析

(一)销售额分析的定义

销售额分析就是通过对企业全部销售数据的研究和分析,比较和评估实际销售额与计划销售额之间的差距,为未来的销售工作提供指导。

(二)销售额分析的目的

企业进行销售额分析,目的在于以下几个方面。

(1)销售额分析是企业对销售计划执行情况的检查,是企业进行业绩考评的依据。有的企业制订了很好的销售计划,但是因为疏于管理,忽视了日常的检查与评估,有了问题也没有及时发现。到了计划期末,期初的计划指标已成为泡影,企业的各级经理及销售人员也就无可奈何了。进行销售额分析,就是要在销售管理过程中,及时发现问题,并分析和查找原因;及时采取措施,解决问题。销售额分析与评价的结果,也是对各级销售经理和销售人员进行绩效评估的基本依据。

(2)分析企业各产品对企业的贡献程度。通过对各产品销售额的分析,可以得出企业所生产产品的市场占有率,市场占有率是反映产品市场竞争力的重要指标。同时,企业也可以通过对销售额分析得出各种产品的市场增长率,市场增长率是衡量产品发展潜力的重要指标。根据市场增长率和相对市场占有率,大致可以了解产品对企业的贡献程度,企业据此可以对相应产品采取合适的销售策略。

(3)分析本企业的经营状况。松下幸之助先生曾说:"衡量一个企业经营的好坏,主要是看其销售收入的增加和市场占有率的提高程度。"采用盈亏平衡点对本企业的销售额和经营成本进行分析,可以得出本企业的经营状况信息。若企业实际销售额高于盈亏平衡点的销售额,那么企业就有利益可赚;若等于或低于盈亏平衡点的销售额,则企业处于保本或亏损状态。

(4)对企业的客户进行分类。企业经营的目的是盈利,因此,它不会以同一标准对待所有客户。企业要将客户按客户价值分成不同的等级和层次,这样企业就能将有限的时间、精力、财力放在高价值的客户身上。根据20/80法则,20%的高价值客户创造的价值往往占企业利润的80%。只有找到这些最有价值的客户,提高他们的满意度,同时剔除负价值客户,企业才会永远充满生机和活力。

（三）销售额分析的方法

尽管销售额分析的方法在企业的各个分公司之间有所不同，但是所有的企业都会以客户销售发票或现金收据的方式收集销售数据，这些发票或收据是进行会计核算的主要凭证。销售管理部门把自己对销售额信息的要求传达给销售分析人员，并从企业内部和外部广泛收集销售数据，并进行适当的记录。销售管理人员可以通过销售额分析，对当前的销售业绩进行评价，找出实际销售额与计划销售额的差距，分析原因，并以此为基础制订企业未来的销售计划。

在实际工作中，销售额分析的方法有以下两种。

1. 销售差异分析

企业销售差异分析就是分析并确定不同因素对销售绩效的不同作用。例如，假设某企业年度计划要求第一季度销售4 000件产品，每件售价为1.0元，即销售额为4 000元。在第一季度结束时，只销售了3 000件，每件为0.8元，即实际销售额为2 400元。那么，销售绩效差异为1 600元，或者说完成了计划销售额的60%。显然，导致销售额差异的有价格下降的原因，也有销售量下降的原因。问题是，销售绩效的降低有多少归因于价格下降，有多少归因于销售数量的下降。可做如下分析。

因价格下降导致销售额的差异为(1.0－0.8)×3 000＝600（元）

因销量下降导致销售额的差异为1.0×(4 000－3 000)＝1 000（元）

由此可见，没有完成计划销售量是造成销售额差异的主要原因，企业需进一步分析销售量下降的原因。

2. 特定产品或地区销售差异分析

特定产品或地区销售差异分析，就是具体分析和确定未能达到计划销售额的特定产品、地区等。假设某企业在三个地区销售，其计划销售额分别为1 500万元、500万元和2 000万元，计划销售总额为4 000万元；而实际销售额分别是1 400万元、525万元、1 075万元。就计划销售额而言，第一个地区有6.7%的未完成额，第二个地区有5%的超出额，第三个地区有46%的未完成额。主要问题显然在第三个地区，因而要查明原因，加强对该地区销售工作的管理。

在企业的销售管理过程中，要经常进行销售额分析，以发现销售过程中存在的问题，奖优罚劣，保证企业销售目标的实现。

（四）销售额分析的内容

1. 市场占有率分析

市场占有率又称市场份额，是指在一定时期内，企业产品在市场上的销售量或销售额占同类产品销售总量或销售总额的比重。市场占有率高，说明企业在市场所处优势明显，适应市场能力强；市场占有率低，说明企业在市场所处劣势，适应市场能力弱。然而，这一指标却不能反映企业与竞争对手的比较情况，因此，我们可运用相对市场占有率表明企业市场竞争地位的高低和竞争力的强弱。

2. 总销售额分析

总销售额是企业所有客户、所有地区、所有产品销售额的总和。这一数据可以给我们展现一家企业的整体运营状况。然而，对于管理者而言，销售趋势比某一年的销售额更重要，包括:一是企业近几年的销售趋势;二是企业在整个行业的市场占有率的变动趋势;三是地区销售额分析。

只有总销售额的分析是不够的,它几乎不能为企业管理层提供销售进程中的详尽资料,对管理层的价值有限,所以还需要按地区对销售额进行进一步的分析。

3. 产品销售额分析

与按地区分析销售额一样,按产品系列分析企业销售额对企业管理层的决策也很有帮助。方法如下。

首先,将企业过去和现在的总销售额具体分解到单个产品或产品系列上。

其次,如果可以获得每种产品系列的行业数据,就可以为企业提供一个标尺来衡量各种产品的销售业绩。例如,如果产品 A 的销售额下降了,而同期行业同类产品的销售额也下降了相同的比例,销售经理就不必过分忧虑了。

最后,进一步考察每一地区的每一产品系列的销售状况。销售经理据此确定各种产品在不同地区市场的强弱形势。例如,产品 A 的销售额可能下降了 10%,但其所在地区的销售额却下降了 14%,销售经理就要进一步找出出现偏差的原因,并与地区分析相对应,做出相应的改进。

四、销售过程管理

(一)销售过程管理的主要目的

销售过程管理的主要目的就是要重视目标与实绩之间的关系,通过对销售过程的追踪与监控,确保销售目标的实现。

(二)销售过程管理的关键

销售过程管理的关键就是要把过程管理当中的时间管理,从过去的年度追踪细化到每月、每周甚至每日追踪。了解日常销售工作的动态、进度,及早发现销售活动中所出现的异常现象及问题,立即解决。

(三)销售过程管理的内容

1. 了解厂方推销员每日拜访计划

厂家推销员在了解公司分配的销售目标及销售政策后,应每天制订拜访计划,包括计划拜访的客户及区域,拜访的时间安排,计划拜访的项目或目的(开发新客户、市场调研、收款、服务、客诉处理、订货或其他),这些都应在每日拜访计划表上仔细填写。这张表须由主管核签。

2. 销售日报表、客户拜访表的核签

厂家推销员在工作结束后,要将每日的出勤状况、拜访客户的洽谈结果、客诉处理、货款回收或订货目标达成的实绩与比率、竞争者的市场信息、客户反映的意见、客户的最新动态、今日拜访心得等资料,都填写在客户拜访表上,并经主管签核、批示意见。销售经理可以通过客户拜访表,知道厂方推销员每天要做什么;通过销售日报表,知道厂方推销员今天做得怎么样。这是第一个过程管理。

在了解厂方推销员每日销售报告后,销售主管应就各种目标值累计达成的进度加以追踪,同时对今天拜访的实绩进行成果评估,并了解今日在拜访客户时花费的费用,以评价推销的效率。

3. 与厂方推销员面谈

应召集厂方推销员进行个别或集体面谈,以便掌握深度的、广度的市场信息。这是第二个过程管理,也是最重要的管理内容。

4. 填写市场情况反映表

厂方推销员在拜访客户的过程中,会掌握许多有用的信息,如消费者对产品提出的意见、竞争对手进行的新的促销活动或推出的新品、经销商是否有严重抱怨、客户公司的人事变动等。除了应立即填在每日拜访计划表上之外,若情况严重并足以影响公司产品的销售时,则应立即另外填写市场情况反映表或客户投诉处理报告表,以迅速向上级报告。

5. 上报销售管理报告书

销售经理为了让公司掌握销售动态,应于每周一提出销售管理报告书,报告本周的市场状况。其内容包括销售目标达成、新开发客户数、货款回收、有效拜访率、交易率、平均每人每周销售额、竞争者动态、异常客户处理、本周各式报表呈交及汇报或处理、下周目标与计划等。

6. 上报报表与考核机制的结合

厂方推销员各种报表填写的质量与报表上交的效率,应列为厂方推销员的考核项目,这样才能使业务主管在过程管理与追踪进度时做到面面俱到。

在了解了各个厂方推销员的工作情况后,销售主管要对那些业绩差的厂方推销员、新厂方推销员的工作态度及效率,随时给予指导、纠正和帮助。

销售过程管理通常需要借助于各种销售管理表格,通过填写相关的报表,销售经理和厂方推销员可以把握市场需要及动向、获得竞争者的信息、收集技术情报、评价目标达成程度、进行个人自我管理、制作推销统计等。

有关厂方推销员管理的内容及相关表格,即销售日报表、每月拜访计划表、每月工作报告和下月工作计划、三个月滚动销售预测、年度销售计划表、市场巡视工作报告、销售行动指导表。

五、销售日报表的管理

在上面介绍的各种表格中,销售日报表是最常用的工具,对厂家推销员的管理很大程度上是基于销售日报表的管理。下面将重点探讨销售日报表的管理。

健全的销售日报表管理,对厂家推销员而言,可作为自我管理的工具,并就所碰到的问题向主管寻求支援;对主管而言,可作为销售管理的一种工具,对业务目标做销售效率分析,并对销售过程和结果进行评估改正。

(一)销售日报表的功能

区域主管为了达成业务目标,必须掌握市场信息并使用一定的经营管理工具,而这些可以通过销售日报表上的资料或通过对销售日报表的管理获得。通过填写销售日报表可以获得下列功能。

(1)通过销售日报表可以有效地搜集市场信息。

(2) 可以有组织地搜集竞争对手的信息。
(3) 对于主管而言,可以用来作为推销员活动管理的一部分。
(4) 推销员本身可以通过销售日报表将拜访中所碰到的问题列出,从而向主管寻求相关的支援。
(5) 可以对目标的达成程度进行评估。
(6) 可以作为销售效率分析的资料,也可以用来作为销售统计的资料。
(7) 可以作为自我管理的工具。

(二)销售日报表应具备的基本条件

行业不同,所填写的销售日报表也不相同,通常,销售日报表应具备以下基本条件。
(1) 可以充分获得所需要的信息。缺乏信息的销售日报表,即使花费很多的时间去填写,也没有什么价值和意义。
(2) 必须能够客观反映市场状况及拜访情况。
(3) 必须便于填写,要使厂家推销员完成拜访之后能立刻将销售日报表填写出来,如果需要花费很多的时间去思考,将会失去销售日报表本身的意义。
(4) 销售日报表必须便于处理,以便作为以后的统计资料并易于分析。
(5) 销售日报表必须标准化、表格化。
(6) 必须便于与过去的报告相比较。
(7) 销售日报表必须能够随时反映销售业绩的变化。
(8) 提交销售日报表的时间和责任人也要明确表示出来。
(9) 必须可作为厂家推销员反省的工具。

(三)厂家推销员不愿意填写销售日报表的心态

厂家推销员不愿意填写销售日报表几乎是多数业务主管所面临的问题,厂家推销员以被动、应付的心态来填写销售日报表,甚至认为填写销售日报表没有什么用途。厂家推销员的消极心态主要表现在以下几个方面。
(1) 推销工作非常辛苦,厂家推销员每天回到办公室时疲惫不堪,再要求其将一天的工作像日记一样记录下来,往往会产生抗拒的心理。
(2) 觉得"麻烦"。
(3) 有"成果第一,事务工作其次"的心态。
(4) 主管可能对填写的销售日报表不够重视,从而影响了厂家推销员填写销售日报表的积极性。
(5) 厂家推销员"不愿意提供资料给主管作为工作评价的依据"。
(6) 由于销售日报表未表格化,厂家推销员不知道如何填写销售日报表。
(7) 厂家推销员不愿意把自己的特殊做法告诉别人。

(四)厂家推销员乐于填写销售日报表的条件

1. 精心设计销售日报表

一份设计良好的销售日报表可便于厂家推销员填写,并使厂家推销员乐于填写。良好的销售日报表应尽可能呈现以下特征。

(1) 记号式(将业务状况用记号来表达)。

(2) 固定式。

(3) 必要的项目事先设计、印刷好,并尽量采用选择式。

(4) 不需要填写长篇大论的文章。

(5) 虽然简单,必须尽量包含一切有用的项目。

(6) 尽可能把数字、厂家名称、个人姓名等项目列入。

销售日报表的设计要让填写者易于填写,即不需要填写过多的文字。若填写太多的文字,结果可能会像作文一样渗入很多想象,从而使销售日报表失去本身的意义。并且,如果能将销售日报表的格式和状况事先印好,厂家推销员只需要在相应栏目做记号即可以表示特定意义,如此可以减少厂家推销员对填表的对抗性。

例如,记号的种类可以用各种形式来表现(如单圆、双圆、三角形、倒三角形),每一种记号都代表特定的含义;此外,销售日报表不能太大,避免使人产生晕头转向的感觉。如前文所言,销售日报表必须体现出标准化、格式化、记号化。

设计销售日报表时,重点在于易于填写。而厂家推销员也应持正确的心态,如应该改掉"回去后再填写"的习惯。为了便于厂家推销员在就餐、乘车、等候时填写,日报表最好设计成"〇""×"的记录格式。

2. 主管应对销售日报表引起足够的重视

主管对销售日报表的高度重视是成功实行销售日报表的管理的重点。主管对销售日报表没有任何反映和反馈,是厂家推销员不愿意填写销售日报表的最大原因。对于厂家推销员提交的文件和资料,主管应认真过目并提出附加意见。如果主管对销售日报表不关心、不阅读或草率处理,可能会引起厂家推销员内心的抗议。例如,"即使提交销售日报表,主管也不会仔细去看;昨天才提交的销售日报表,隔天还问我,真令人失望;虽说每日要提交,且要求内容要充实,但主管并不重视,销售日报表看来只是一种形式"等。

主管不仅要重视销售日报表,而且要重视对销售日报表的处理或批示。因为通过一张销售日报表,可能还无法完全把握厂家推销员在市场、客户、竞争对手及其他方面的动态。此时主管应在销售日报表上加以批示。例如,"我想进一步了解情形;对某问题、客户的想法如何?"等。此外,销售日报表中无法表现出的内涵,可以通过面谈来了解。这些补充性的行为会使厂家推销员加深对销售日报表重要性的认识。

3. 销售日报表的栏位设计

行业不同,销售日报表的设计重点也不同。以下是一些通用的销售日报表各栏位的实际使用要领。

(1) 访问活动栏

访问活动栏的目的在于扼要叙述厂家推销员当日的活动情况。

首先,填入基本资料,如"部门、姓名、日期"等。

其次,要填入业绩内容,如"本月目标销售额为150万元、迄今累计达到105万元"等,这是主管最感兴趣的资料。

最后,需要填入厂家推销员当日的活动情况,如"活动目的(送货、售后服务、收款、推销等)，访问结果(如收款为 75 万元、推销甲产品为 34 万元等)"等。有时，可以将访问结果分为"推销"、"收款"、"费用"三种表格，但是在设计上要简化，以减少厂家推销员填表时的负担。

（2）市场信息栏

市场信息栏的目的是为了反映市场所收集到的各种信息。

为便于厂家推销员填写，在设计时要避免"主题广泛、无从下手"的状况出现，所以在设计时，将视厂家特征将市场信息栏区分为若干个项目，以便于填写。例如，可以区分为"产品信息栏（可填入新产品信息、产品特征等）"、"竞争者信息栏（可填入竞争者的信息，如促销、广告、奖励办法、价格变动、店面印刷品等）"、"客户信息栏（填写客户的信用状况、其从业人员的士气、营业政策等）"、"客户要求栏（填入客户抱怨、产品退货等资料）"。究竟是设计成一个栏位还是分成几个栏位，视实际需要而定，主要标准是要符合实际需要并便于填写。

（3）时间使用栏

厂家推销员如何有效地使用时间，也是业务主管比较感兴趣的一个重要方面，通过时间使用栏可以了解厂家推销员的时间使用状况，从而便于检讨销售行动。为便于填写，可以将该栏位事先做好安排。首先，将全天工作项目按性质区分为"内部行政工作"、"交通"、"洽谈"、"报价"、"收款"、"休息吃饭"等项目。其次，将每一段时间（如 15 分钟或 30 分钟）所从事的工作项目予以记录，从而可以看出全天的时间及工作状况。使用此栏位有多重目的，厂家推销员必须据实填写，若填写不实，将使以后的分析工作变得毫无意义。业务管理中最常用的是上面所介绍的销售日报表。需要说明的是，除销售日报表外，还有主管拜访日报表。在主管陪同厂家推销员或单独拜访客户后，主管应该填写主管拜访日报表。

（五）销售日报表的分析

知道如何有计划、有效率地使用每一个工作日，是厂家推销员达成目标的基础。如何利用销售日报表对时间运用的分析呢？销售日报表的时间使用栏左栏纵列为各种行动项目，如"内部行政事务、交通、等待、洽谈、报价、收款、休息吃饭"等栏位，最上排的横列为各种时间状况，将上班时间（上午 8:00 至下午 6:30），以每 10 分钟为一格单位，将实际的时间耗费状况标记在销售日报表上。

1. 了解时间的实际耗用状况

将厂家推销员的时间运用状况进行统计，填入表 5-1。

表 5-1　厂家推销员的时间运用状况统计表

项目 时间	准备整理	交通	洽谈	休息	会议及其他	合计	访问店数
合计	分 %	分 %	分 %	分 %	分 %	分 100%	

2. 检讨耗用时间的效率

主管可以通过当面沟通及销售日报表的方式，来了解厂家推销员的工作情形，深入分析销售日报表的时间使用，可以检讨业务行动并研究如何改善业务绩效。例如，将厂家推销员一天内所从事相同性质的工作时间加以累计；扣除其他时间后，了解厂家推销员真正用于推销的有效时间有多少；设定具体的改善对策。

一般而言，厂家推销员在一天中的工作时间内（8小时或更长），真正对推销有益的工作时间只有20%～30%而已。了解了这一点，就可以设定改善对策，以减少所浪费的时间，增加有效推销的时间。例如，可以按照下列原则调整工作方式：减少闲聊时间、减少交通时间、减少等待时间、减少处理事务的时间、争取拜访机会、延长访问时间、增加开发客户的时间。

3. 在客户处的滞留时间

关于在客户处的滞留时间的评估问题也必须引起足够的注意，即要注意厂家推销员是否在单一地点滞留时间太长的问题。应该分析厂家推销员在客户处洽谈时间的长短，若逗留时间过短，应设法改善厂家推销员的洽谈技巧，以便延长滞留时间；反之，若通过分析发现厂家推销员在客户处的逗留时间太长（这种情形相当普遍，厂家推销员常常习惯性地滞留于某一店内），应进行检讨，设法将其逗留时间适当减短。一般认为，厂家推销员的业绩与每天的"访问时间"及"访问店数"成正比，厂家推销员如果在某一位客户身上花费太多的时间，有可能会影响业绩的增长。

六、销售结果管理

销售过程决定销售结果，厂家忽视销售过程，只要结果不管过程的管理是一种错误倾向。不过在实际工作中，从另一个角度看，结果管理对厂家的销售管理工作，尤其是对销售过程管理同样重要，同样忽视不得。因为结果既是上一个销售过程的结果，也是下一个销售过程的开始，是销售工作循环过程中的重要环节。它之所以重要还体现在：对结果的正确、全面和系统的管理检讨是准确进行过程管理的前提，销售管理工作的提升是从专业的结果管理开始的，一个不能静态地进行结果管理的厂家，是不可能有能力对销售过程进行动态管理的。

（一）建立检讨体系

正确的检讨，不是对运行结果的简单考核，而是对考核期的运行过程，按照期初的销售计划和行动要求进行系统的检查、对比和考核。其目的是对考核对象的工作业绩进行正确的评价，对运行过程中存在的问题进行系统的排查，以期更有效地进行下期的销售工作。

销售检讨工作应该从如下几个方面着手。

1. 对厂家推销员的检讨

厂家推销员是厂家销售网络的建设者，是厂家销售渠道的入口和"引桥"，是厂家销售业绩的实现者，更是与竞争对手在一线较量的拼搏者。因此，它应该成为检讨工作的重点。对厂家推销员检讨的重点是行动过程和报告系统。

对厂家推销员行动过程检讨的要点是执行行动计划情况和服从指挥管理情况。"加强纪律性,销售无不胜"、"步调一致才能得胜利",如果对厂家推销员的管理达不到令行禁止的程度,厂家永远不可能从个体推销走向专业销售和体系营销。

对厂家推销员报告系统考核的要点是各种报告(即表格)完成的质量和数量。这些报告主要包括月行动计划、每日销售报告、竞争对手分析报告、工作总结、三个月滚动销售预测、客户表现分析。对厂家推销员考核指标包括以下几个方面。

(1) 销售指标完成情况。

(2) 回款指标完成情况。

(3) 品种计划完成情况。

(4) 客户开发指标。

2. 对经销商的检讨

部分经销商对厂家存在着严重的依赖思想,他们将经营困难归结为厂家产品价格高、促销力度小、没有广告支持等,更有甚者,还向厂家伸手要利润。经销商不仅没有变为厂家的战略伙伴,在一定程度上甚至成为厂家的寄生物。更多的时候厂家不是与竞争对手竞争,而是在与自己的经销商"纠缠不清"。

对经销商检讨的重点:厂家推销员队伍的素质、财务制度和财务管理、与厂家的协调性。对经销商检讨的指标包括以下几个。

(1) 销售指标完成情况。

(2) 回款指标完成情况。

(3) 费用和利润指标(在当前,帮助管理其费用和利润是厂家与经销商建立长期关系的重要手段)。

(4) 流动资金情况(一方面帮助经销商合理运用资金,另一方面及时把握经销商的信用情况)。

(5) 品种计划完成情况(防止其只销售老产品,不销售新产品;只销售低附加值产品,不销售高附加值产品)。

3. 对内勤的检讨

内勤亦称销售后勤。对有一定销售规模的厂家,内勤十分重要,它既是销售部与厂家推销员、经销商保持密切关系的纽带,又是厂家物流系统的操作者,也是厂家市场信息处理中心。对内勤检讨的要点有以下几个。

(1) 发货的准确性、及时性。

(2) 对厂家推销员、经销商的服务情况。

(3) 信息收集和传递情况。

(4) 与厂家相关部门的联系情况。

(5) 客诉处理情况。

(二) 正确确定检讨周期

1. 日检讨

日检讨主要在内勤系统进行。检讨的重点有以下几个。

(1) 公司发货和回款情况。通过这个指标控制月销售计划的完成进度。

(2) 与厂家推销员的联系情况。通过这项工作了解厂家推销员在市场上的行动和工作情况，并及时发出指令。

(3) 与客户联系情况。通过这项工作确定是否及时处理了客户方方面面的要求和问题。

(4) 收到的信息(关于厂家推销员和经销商)。通过这项工作，丰富随后几天的工作内容。

2. 周检讨

周检讨的重点是厂家推销员和经销商。厂家推销员报周检讨报告(自检)，内容包括以下几个方面。

(1) 个人和所管经销商的周销售、回款指标完成情况及原因分析。

(2) 个人周行动情况。

(3) 本厂家产品表现。

(4) 竞争对手本周表现情况。

(5) 个人下周行动计划。

最后一周的周检讨和月检讨合并进行。

3. 月检讨

按照上述检讨体系进行系统检讨，同时制订下月工作计划和行动计划。每季度最后一个月的月检讨与季度检讨合并进行。

(三) 制定合理的检讨方法和流程

一方面，检讨工作最关键的是首尾相接不留空当(周周相连、月月相接、年年相扣)，形成严密的循环过程。另一方面，必须制定合理的检讨方法。

本期检讨出来的问题是下期检讨的重点。

(四) 认真、正确地制定检讨点和检讨标准

对于检讨出来的问题，应专门组织人员研究，制订解决方案。

对于人员检讨，应保持与被检讨者的积极互动，使被检讨者保持高度的参与和配合。

不可将检讨变相演化为处罚的前奏，即检讨的结果就是处罚。而应将检讨用于发现问题和解决问题，对于个人主要起鞭策作用。

(五) 将结果管理过渡为过程管理

无论结果管理如何重要，如何能够正确地发现问题，但这些问题却都必须在以后的销售过程中才能加以解决。正确的结果管理必须要求，或必然会转化为过程管理。在促成转化的过程中，区域主管需要做好的工作有以下几个方面。

(1) 实事求是地参与、确定销售目标。离谱的销售计划会使销售人员反感，检讨工作将无法认真执行，只会流于形式。

(2) 应将检讨出来的问题变为下一期的工作重点和管理重点，并认真制订解决方案或

完善方案。只有这样,检讨出来的问题才会得到解决,才会引起被检讨者的重视。试想,如果检讨出来的问题在下期没有得到重视,没有制订解决方案,无论是检讨者还是被检讨者,都不会重视检讨工作。

(3) 根据销售计划和检讨结果,制定被检讨者的下期行动计划和行动要点,用明确的工作量为实现销售计划和解决存在的问题提供保证。

(4) 加强巡回管理和现场管理,对厂家推销员的工作给予支持和指导。

(5) 建立严格的工作流程和明确的工作标准,避免模棱两可。建立销售管理人员、厂家推销员、经销商和内勤之间的紧密联系和及时、有效的互动关系,避免只在检讨时见一面,或检讨时也不见面的单向关系。

第六章
对竞争对手、同类产品的调查

一、市场调查的基础知识

(一) 市场调查概述

1. 市场调查的历史和定义

(1) 市场调查的历史

① 萌芽期：20世纪前。

② 成长初期：1900—1920年。

③ 成长期：1920—1950年。

④ 成熟期：1950年至今。

(2) 市场调查的定义

市场调查就是指运用科学的方法，有目的地、有系统地搜集、记录、整理有关市场营销信息和资料，分析市场情况，了解市场的现状及其发展趋势，为市场预测和营销决策提供客观的、正确的资料。

2. 市场调查的对象

从市场调查的对象看，企业一般比较重视用户的调查。其实对于零售商、批发商、中转商及广告媒介等也要做认真详细的调查，从多个侧面了解，从而使结论更趋于实际性和科学性。理想的产品加上合适的渠道才能达到适销对路。

3. 市场调查的内容

市场调查的内容很多，有市场环境调查，包括政策环境、经济环境、社会文化环境的调查；有市场基本状况的调查，主要包括市场规范、总体需求量、市场的动向、同行业的市场分布占有率等；有销售可能性调查，包括现有和潜在用户的人数及需求量、市场需求变化趋势、本企业竞争对手的产品在市场上的占有率、扩大销售的可能性和具体途径等；还可对消费者及消费需求、企业产品、产品价格、影响销售的社会和自然因素、销售渠道等开展调查。

（二）市场调查的方法

1. 文案调查法

文案调查法又称资料查阅寻找法、间接调查法、资料分析法或室内研究法。它是利用企业内部和外部现有的各种信息、情报,对调查内容进行分析研究的一种调查方法。与实地调查相比,文案调查法要求更多的专业知识、实践经验和技巧。

文案调查法有两个特点：文案调查法是收集已经加工过的文案,且文案调查法以收集文献性信息为主,具体表现为收集各种文献资料。文案调查法所收集的资料偏重于从动态角度,收集各种反映调查对象变化的历史与现实资料。

根据调查的实践经验,文案调查法常被作为调查的首选方式。几乎所有的调查都可始于收集现有资料,只有当现有资料不能提供足够的证据时,才进行实地调查。因此,文案调查法可以作为一种独立的调查方法加以采用。

由于实地调查更费时、费力,操作起来比较困难,而文案调查法可以随时根据需要,收集、整理和分析各种调查信息,所以文案调查法可以作为经常性的调查方法予以使用。

从时间上看,文案调查法不仅可以掌握现实资料,还可获得实地调查所无法取得的历史资料。从空间上看,文案调查法既能对内部资料进行收集,还可掌握大量的有关外部环境方面的资料。尤其对因地域遥远、条件各异,采用实地调查需要更多的时间和经费的调查。

文案调查法的渠道分为内部渠道和外部渠道。

（1）内部渠道

内部资料的收集主要是收集调查对象活动的各种记录,主要包括以下四种。

① 业务资料,如订货单、进货单、发货单、合同文本、发票、销售记录、业务员访问报告等。通过对这些资料的了解和分析,可以掌握本企业所生产和经营的商品的供应情况,分地区、分用户的需求变化情况。

② 统计资料,主要包括各类统计报表,企业生产、销售、库存等各种数据资料,各类统计分析资料等。企业统计资料是研究企业经营活动数量特征及规律的重要定量依据,也是企业进行预测和决策的基础。

③ 财务资料,是由企业财务部门提供的各种财务、会计核算和分析资料,包括生产成本、销售成本、各种商品价格及经营利润等。财务资料反映了企业活劳动和物化劳动占用和消耗情况及所取得的经济效益,通过对这些资料的研究,可以确定企业的发展背景,考核企业经济效益。

④ 企业积累的其他资料,如平时剪报、各种调研报告、经验总结、顾客意见和建议、同业卷宗及有关照片和录像等。这些资料都对市场研究有着一定的参考作用。例如,根据顾客对企业经营、商品质量和售后服务的意见,就可以对如何改进加以研究。

（2）外部渠道

外部资料收集的渠道通常为以下几种。

① 统计部门及各级、各类政府主管部门公布的有关资料。内容包括人口数量、国民收入、居民购买力水平等,这些均是很有权威和价值的信息。

② 各种经济信息中心、专业信息咨询机构、各行业协会和联合会提供的信息和有关行业情报。

③ 国内外有关的书籍、报纸、杂志所提供的文献资料,包括各种统计资料、广告资料、市场行情和各种预测资料等。

④ 有关生产和经营机构提供的商品目录、广告说明书、专利资料及商品价目表等。

⑤ 各种国际组织、学会团体、外国使馆、商会所提供的国际信息。

2. 观察法

观察法分为直接观察法和实际痕迹测量法两种方法。

所谓直接观察法,是指调查者在调查现场有目的、有计划、有系统地对调查对象的行为、言辞、表情进行观察记录,以取得第一手资料。它最大的特点是在自然条件下进行,所得材料真实生动,但也会因为所观察的对象的特殊性而使观察结果过于片面。

实际痕迹测量法是通过某一事件留下的实际痕迹来观察、调查,一般用于对用户的流量、广告的效果等的调查。例如,企业在几种报纸、杂志上做广告时,在广告下面附有一张表格,请读者阅读后剪下,分别寄回企业有关部门,企业从回收的表格中可以了解在哪种报纸杂志上刊登广告最为有效,为今后选择广告媒介和测定广告效果提出可靠资料。

3. 询问法

询问法是将所要调查的事项以当面、书面或电话的方式,向被调查者提出询问,以获得所需要的资料,它是市场调查中最常见的一种方法,可分为面谈调查、电话调查、邮寄调查、留置询问表调查四种。它们有各自的优缺点,面谈调查能直接听取对方意见,富有灵活性,但成本较高,结果容易受调查人员技术水平的影响。电话调查速度快,成本最低,但只限于在有电话的用户中调查,整体性不高。邮寄调查速度快,成本低,但回收率低。留置询问表调查可以弥补以上缺点,由调查人员当面交给被调查人员问卷,说明方法,由之自行填写,再由调查人员定期收回。

4. 实验法

实验法通常用来调查某种因素对市场销售量的影响,这种方法是在一定条件下进行小规模实验,然后对实际结果做出分析,研究是否值得推广。它的应用范围很广,凡是某一商品在改变品种、品质、包装、设计、价格、广告、陈列方法等因素时都可以应用这种方法,调查用户的反应。

(三) 市场调查的要点

普通的市场调研是为企业管理提供数据,层次化的市场调研是为企业的决策提供依据、为企业的竞争寻求动力,市场调研的真实意义就在于能使管理者通过市场调研数据和现状的分析来明确企业发展方向、寻找企业竞争实力。企业的方向是通过决策来把控,竞争实力是由差异化来赋予的。调研的信息搜集的大部分属于一种表象的信息采集行为,而决策和差异化却需要在信息资料分析的基础上,通过企业策划的职能来实现,所以,市场调研没有脱离企业策划的领域。

不同标准的市场调研采用的调研方式和手段不同,普通的市场调研可以指派业务人员来进行,层次化的市场调研可以委托专业的调研公司来实施。信息是企业的耳目,"为了擦亮企业的慧眼",现代企业应当在调研的职能中建立完善的信息系统,通过日常信息资料采集和企业内部数据统计,让小规模的市场调研工作就在企业信息系统里开展。

(四)市场调查的基本过程

市场调查是企业制订营销计划的基础。企业开展市场调查可以采用两种方式,一是委托专业市场调查公司来做,二是企业自己来做,企业可以设立市场研究部门,负责此项工作。市场调研工作的基本过程:明确调查目标、设计调查方案、制订调查工作计划、组织实地调查、调查资料的整理和分析、撰写调查报告。

1. 明确调查目标

进行市场调查,首先要明确市场调查的目标,根据企业的不同需要,市场调查的目标有所不同。企业实施经营战略时,必须调查宏观市场环境的发展变化趋势,尤其要调查所处行业未来的发展状况;企业制定市场营销策略时,要调查市场需求状况、市场竞争状况、消费者购买行为和营销要素情况;当企业在经营中遇到问题时,应针对存在的问题和产生的原因进行市场调查。

2. 设计调查方案

一个完善的市场调查方案一般包括以下几个方面。

(1) 调查目的、要求

根据市场调查目标,在调查方案中列出本次市场调查的具体目的、要求。例如,本次市场调查的目的是了解某产品的消费者购买行为和消费偏好情况等。

(2) 调查对象

市场调查的对象一般为消费者、零售商、批发商,零售商和批发商为经销调查产品的商家,消费者一般为使用该产品的消费群体。在以消费者为调查对象时,要注意到有时某一产品的购买者和使用者不一致。例如,对婴儿食品的调查,其调查对象应为孩子的母亲。此外还应注意到,一些产品的消费对象主要针对某一特定消费群体或侧重于某一消费群体,这时调查对象应注意选择产品的主要消费群体。例如,对于化妆品,调查对象主要选择女性;对于酒类产品,其调查对象主要为男性。

(3) 调查内容

调查内容是收集资料的依据,是为实现调查目标服务的,可根据市场调查的目的确定具体的调查内容。例如,调查消费者行为时,可按消费者购买、使用、使用后评价三个方面列出调查的具体内容。调查内容的确定要全面、具体、条理清晰、简练,避免面面俱到、内容过多、过于烦琐,避免把与调查目的无关内容列入其中。

(4) 调查表

调查表是市场调查的基本工具,调查表的设计质量直接影响到市场调查的质量。设计调查表要注意以下几点。

① 调查表的设计要与调查主题密切相关,重点突出,避免可有可无的问题。

② 调查表中的问题要容易让被调查者接受,避免出现被调查者不愿回答,或令被调查者难堪的问题。

③ 调查表中的问题次序要条理清楚,顺理成章,符合逻辑顺序,一般是容易回答的问题放在前面,较难回答的问题放在中间,敏感性问题放在最后;封闭式问题在前,开放式问题在后。

④ 调查表的内容要简明,尽量使用简单、直接、无偏见的词汇,保证被调查者能在较短的时间内完成调查表。

(5) 调查地区范围

调查地区范围应与企业产品销售范围相一致。例如,在某一城市做市场调查时,调查范围应为整个城市。但由于调查样本数量有限,调查范围不可能遍及城市的每一个地方,一般可根据城市的人口分布情况,主要考虑人口特征中收入、文化程度等因素,在城市中划定若干个小范围调查区域。划分原则是使各区域内的综合情况与城市的总体情况分布一致,将总样本按比例分配到各个区域,在各个区域内实施访问调查。这样可相对缩小调查范围,减少实地访问工作量,提高调查工作效率,减少费用。

(6) 样本的抽取

调查样本要在调查对象中抽取,由于调查对象分布范围较广,应制订一个抽样方案,以保证抽取的样本能反映总体情况。样本的抽取数量可根据市场调查的准确程度的要求确定,市场调查结果准确度要求愈高,抽取样本数量应愈多,但调查费用也愈高。因此,一般可根据市场调查结果的用途情况确定适宜的样本数量。实际市场调查中,在一个中等以上规模的城市进行市场调查的样本数量,按调查项目的要求不同,可选择200~1 000个样本,样本的抽取可采用统计学中的抽样方法。具体抽样时,要注意对抽取样本的人口特征因素的控制,以保证抽取样本的人口特征分布与调查对象总体的人口特征分布相一致。

(7) 资料的收集和整理方法

市场调查中,常用的资料收集方法有调查法、观察法和实验法。一般来说,前一种方法适宜于描述性研究,后两种方法适宜于探测性研究。企业做市场调查时,采用调查法较为普遍,调查法又可分为面谈法、电话调查法、邮寄法、留置法等。这几种调查方法各有其优缺点,适用于不同的调查场合,企业可根据实际调研项目的要求来选择。资料的整理方法一般可采用统计学中的方法,利用Excel工作表格,可以很方便地对调查表进行统计处理,获得大量的统计数据。

3. 制订调查工作计划

(1) 组织领导及人员配备

建立市场调查项目的组织领导机构,可由企业的市场部或企划部来负责调查项目的组织领导工作,针对调查项目成立市场调查小组,负责项目的具体组织实施工作。

(2) 访问人员的招聘及培训

访问人员可从高校中的经济管理类专业的大学生中招聘,根据调查项目中完成全部问卷实地访问的时间,确定每个访问员一天可完成的问卷数量,核定需招聘访问人员的人数。对访问人员须进行必要的培训,培训内容包括以下几个方面。

① 访问调查的基本方法和技巧。
② 调查产品的基本情况。
③ 实地调查的工作计划。
④ 调查的要求及要注意的事项。

(3) 工作进度

将市场调查项目的整个进行过程安排一个时间表,确定各阶段的工作内容及所需时间。市场调查包括以下几个阶段。

① 调查工作的准备阶段,包括调查表的设计、抽取样本、访问人员的招聘及培训等。
② 实地调查阶段。
③ 问卷的统计处理、分析阶段。
④ 撰写调查报告阶段。

(4) 费用预算

市场调查的费用预算主要有调查表设计印刷费、访问员培训费、访问员劳务费、礼品费、调查表统计处理费用等。企业应核定市场调查过程中将发生的各项费用支出,合理确定市场调查的总费用预算。

4. 组织实地调查

市场调查的各项准备工作完成后,开始进行问卷的实地调查工作,组织实地调查要做好以下两方面工作。

(1) 做好实地调查的组织领导工作

实地调查是一项较为复杂烦琐的工作。要按照事先划定的调查区域确定每个区域调查样本的数量,访问人员的人数,每位访问人员应访问样本的数量及访问路线。每个调查区域配备一名督导人员,明确调查人员及访问人员的工作任务和工作职责,做到工作任务落实到位,工作目标、责任明确。

(2) 做好实地调查的协调、控制工作

调查组织人员要及时掌握实地调查的工作进度完成情况,协调好各个访问人员间的工作进度;要及时了解访问人员在访问中遇到的问题,并帮助其解决,对于调查中遇到的共性问题,提出统一的解决办法。每天访问调查结束后,访问人员首先对填写的问卷进行自查,然后由督导员对问卷进行检查,找出存在的问题,以便在后面的调查中及时改进。

5. 调查资料的整理和分析

实地调查结束后,即进入调查资料的整理和分析阶段,收集好已填写的调查表后,由调查人员对调查表进行逐份检查,剔除不合格的调查表,然后将合格调查表统一编号,以便于调查数据的统计。调查数据的统计可利用 Excel 工作表格完成。将调查数据输入电脑后,经 Excel 软件运行后,即可获得已列成表格的大量的统计数据。利用上述统计结果,就可以按照调查目的的要求,针对调查内容进行全面的分析工作。

6. 撰写调查报告

撰写调查报告是市场调查的最后一项工作内容,市场调查工作的成果将体现在最后的调查报告中。调查报告将提交给企业决策者,作为企业制定市场营销策略的依据。市场调查报告要按规范的格式撰写,一个完整的市场调查报告格式由题目、目录、概要、正文、结论和建议、附件等组成。

(五) 市场调查的未来

精确预测市场调研的未来是很困难的,但是可以确信,今后市场调研无论是在数量上还是在质量上都会有极大的提高。研究的数量会越来越多,成本也一定会增加。与此同时,更加高级的方法将得到采用和改进。基于扫描仪的调研、数据库营销和顾客满意度调研将会越来越受重视。最重要的是,市场调研活动的范围将扩大,扩展到,如非营利组织和政府服务部门等领域。今后,没有正式市场调查部门的公司将寥寥无几。互联网或许是对市场调研影响最大的因素。

二、竞争对手调查

(一)竞争对手调查的内涵

1. 竞争对手调查的定义

通过合法手段,针对特定行业的竞争对手企业或潜在竞争情况进行的调研。

"知己知彼、百战不殆"。商场如战场,若想在市场竞争中永远立于不败之地,竞争情报显然具有举足轻重的作用。

2. 竞争对手调查的目的

竞争对手调查的目的是帮助企业识别现有竞争对手,发现潜在竞争对手,深入了解竞争对手的竞争实力,掌握竞争对手的动向,为客户制定有效的竞争战略和策略提供重要的信息支持和参考依据。

3. 竞争对手调查的关键

竞争对手调查的关键是搜集到准确的竞争情报,是关于竞争环境、竞争对手和竞争策略的调查研究。竞争对手调查是市场竞争的客观需要,是信息作为一种战略资源的重要体现。搜集竞争对手的情报带有对抗性,要求在对方不协助,甚至是反对的情况下,去了解、分析竞争对手。竞争情报的搜集必须是正当的、合法的,并遵守职业道德。

4. 竞争对手调查的特点

竞争对手调查之所以区别于其他情报研究或咨询的特色,在于其下列特性:明确的针对性;强烈的对抗性;可信的科学性;高度的智谋性;有效的实用性。

竞争对手调查是对特定竞争对手的信息搜集,其中可能会有部分商业秘密,它们的获得需要技巧和艺术。

(二)竞争对手调查的内容

在确立了竞争者之后,将开展针对每一个竞争对手的研究工作。竞争者研究工作通常包括表 6-1 所示的内容。研究方法包括资料调查法、神秘顾客法、深度访问法、渠道访问法及相关的内部调查等。

表 6-1 竞争对手调查的内容

分析类别	具体内容
基本信息分析	企业背景、发展历史、领导人背景、规模、行业经验、市场地位等
产品价格策略分析	产品线、产品特征、产品主要顾客群、产品价格体系等
渠道研究	包括渠道体系、渠道模式、主要渠道成员描述、渠道管理、渠道开发与维护、渠道价格体系、渠道报告制度等
竞争策略分析	包括企业 SWOT 分析、主要竞争优势分析、主要竞争对手、竞争策略等
营销策略分析	主要目标市场、客户群特征、营销、广告、公关及促销策略等
财务状况分析	注册资本、营业额、利润率、负债率及其他相关的财务指标等

1. 竞争对手企业概况

基本情况：注册情况、企业背景、股东情况、内部组织架构、协调方式；人力资源（数量、结构、规模及构成）、员工实得工资（给予额）及构成情况；子公司或相关联公司情况；固定资产和投资总额；机械和设备状况；库存情况（原料、半成品和成品）；产品名称；是否有自己的专利产品；质量监控体系；短期和中/长远期发展战略目标、重要策略导向，以及目前所面临的问题/解决思路。

2. 竞争对手企业产品及生产状况

竞争对手企业产品及生产状况包括产品范围、产品结构、产品的主要用途、产品的辅助用途、产品的优缺点、产品的质量认证、产品的价格、主要产品的产量（月/年）、产品近三年来的变化（改进）状况；生产线及生产能力、技术引进及采用新技术情况、新产品研发情况、主要原材料供应商情况、主要原材料价格变动承受能力情况、产品包装、产品运输（物流）。

3. 竞争对手企业财务状况

调查竞争对手企业的基本财务制度、公司财务部门组织构架、财务部门在公司中的地位、财务部门主要负责人介绍、财务部门人力资源介绍、公司成本核算制度、公司货款结算制度、公司近三年来的财务状况、资产负债表（利润表、公司财务状况分析、比率分析、趋势分析、同行业比较）。

4. 竞争对手企业市场营销

竞争对手企业市场营销包括销售组织、人力资源情况；主要销售区域及在该区域的市场表现；产品销售情况、销售渠道及价格分析；主要经销商（代理商）、营销策略、促销策略；产品广告策略、投放情况、产品的售后服务状况。

竞争对手信息包括三要素，即本企业和竞争对手；竞争环境（包括政策、市场、技术等）；竞争策略。

(三) 竞争对手调查采取的研究方法

(1) 竞争力指标体系的建立和评价。
(2) 竞争产品与竞争对手选择分析。
(3) 市场（及用户）统计调查分析。
(4) 产品价格定位分析。
(5) 企业管理有关理论分析。
(6) 竞争力对比分析。
(7) 竞争态势分析。
(8) 竞争优势价值链分析。

以上内容包括通过访问、调查、询问、搜集实物样品等情报所收集信息的总和。较常用的方法是通过参加各种展销会、展览会，直接去了解竞争对手的各类信息，也可以委托专业的咨询调查公司进行。

（四）了解竞争对手的常见途径

1. 公开资料的收集

搜集同竞争对手相关的一切商业数据，应充分利用各图书馆馆藏资源，也可利用国内联机检索、国际联机检索及互联网检索；可订阅或浏览相关的报纸、杂志、行业协会出版物、各部门对外公开档案、工商企业的注册资料、上市公司的业绩报表、竞争对手的产品介绍、企业招聘广告、展销会、信用调查报告或购买专业调查机构出具的报告等。

2. 广告策划

广告策划是通过广告公司来了解竞争对手的一种手法。

据了解，某家即将投产的饮料公司，他们向不少广告公司投寄了一份要求协助该公司"整体策划"的宣传材料。此材料的最后一项，他们对广告公司是这样要求的："请选择一家知名的饮料生产经营企业作为假想中的竞争对手进行销售形势分析"。要求提供"假想中的竞争对手"的资金、设备、人员、价格、销售范围、销售方式、生产成本、销售成本等近百项调查项目。而且，在材料中还特别说明："策划材料反馈后，经调查如其中60%以上可靠真实，就此单项即付创意费两万元"。这家饮料公司的手法就是利用公开的"整体策划"形式来搜集竞争对手的资料。

3. 反求证法

反求证法就是通过购买竞争对手的产品进行拆卸研究。其目的一是研究对手的产品是否有仿冒之嫌；二是研究对手的产品中是否有值得借鉴之处。

4. 人际交流

人际交流是指通过人际交往获取企业竞争对手的情报。"竞争情报人员感兴趣的是与许许多多各种各样的人建立友好关系"。"来自于人的情报胜于机器情报"。人际交流的方法有很多，如朋友之间的交往，老同学、老同事之间的聊天、喝茶，这些看似漫不经意的谈话，只要用心，就会从中受益匪浅。

人与动物的主要区别就在于人是有感情的，只要交上朋友，人与人之间的交流一般是不设防线的。要善于交往，要善于交际。所以，要想成为一名优秀的企业情报人员，首先要有良好的人际关系。

5. 专业化

不少外国的跨国公司、集团公司、大商社为获取世界各地最先进的与本企业相关的科技情报，在全球广泛设立办事处。

首先，其主要职责就是搜集科技情报，或搜集最新的市场需求。在我国主要大、中城市，也不乏此类办事处。例如，日本著名的九大商社就在海外设立了将近700个办事处。

其次，办事处广招兼职人员，名称有多种，如商务谈判代表、商务拓展代表、客户服务主任、市场调研主任、公关协调主任等，这些人大都是企业情报人员。他们以不起眼的身份，将触角广泛地伸向社会各个角落，伸向竞争对手的方方面面。他们的工作原则是"广种薄收"，只要从中收到一两份有价值的企业情报，企业的利润就会成倍、成十倍，甚至成百倍的翻番。

最后，这些大公司、大集团会以与本公司毫不相干的名称去成立一些小公司去与竞争对手搞合作、联营等。通过这种方式,他们会将对手的情况摸得清清楚楚,上至领导层的基本情况,下至员工的喜怒哀乐,直至对手公司的全部运作状况,他们都了解得一丝不差。此种做法相当专业,所派员工也要经过专业的培训。

6. 聘请对手公司的前雇员来询问

聘请对手公司的前雇员来询问,以及在对方公司工作的人,从他们的口中可以了解一些情况。以及询问他们的顾问,因为,在同行中,企业的顾问、专家或许也是他们的顾问或专家。

（五）竞争对手调查的实施要点

1. 从经营者的动向来把握情报

（1）虽然是没有什么变化的事情,但如果仔细分析,企业情况调查人员将会有一些深入的发现。

（2）对经营者的评价往往是信用调查中最困难的一环。

（3）对经营者进行评价时应和其保持密切的接触,而依此来做判断虽然是原则性的,但如果不可能做到或者有困难的情况时,应配合联系几个已知的要素来做推测的方法。

（4）如果将经营者评价做区分,可将其大致分为经验、能力、性格三点。如果能做到不偏向任何一方,而取其平均,那么就可称其为优秀的经营者了。

（5）经验并不只意味着经历。虽然说其有十年的事业经历,但是过去在事业上有没有失败过,或者在经历上有不凡的风格和实绩,这些都是非常重要的评估资料。

（6）能力有着许许多多的要素,营销能力、计数能力、劳务能力、管理能力、金融能力等是主要的,这些要素可从日常的营业活动中得知。

（7）经营者的性格是可以从营业员的身上反映出来的。从营业员的言语、作为、动作中就可判断其经营者是否为一个不平凡的人物。

2. 从营业状态中抓住情报

所谓的营业状态,并不是指和本公司的交易额的多少,而是指顾客将售货款提高而得到的利益是否顺利地上升。营业状态是经营实态把握的第一步,这是很容易从外观上抓住的,唯独营业员的判断是重要的。判断营业状态的基准,大致可区分为营业情况;与交易往来户的关系;决裁条件、支付情况;与交易往来银行的关系和评价;业绩、现况等。

（1）营业情况因范围广大,所以要将其重点抓住。不但不可轻视本身的感觉,同时绝对禁止只从外观上来做判断。应该通过对同行业和交易往来户的了解,再加上交易往来银行的评价,来做最终判断。

（2）从与交易往来户关系的好坏就可以看得出,其公司的将来在极为重要的进货处的质量上、信用上是否有问题,而没有实力者是不行的。贩卖处也不只是贩卖处,连和它有交易来往的地方的好坏也要调查清楚。

（3）从决裁条件、支付情况即可知其经营恶化的前兆。应注意其原因和理由及其支付情况,是非常重要的。

（4）与交易往来银行的关系和评价虽然在调查上是相当困难的,但却可以知道许多事情真相。

(5) 业绩、现况从头到尾所说的就是这点。营业员的顾客管理的原则就在这点,如果做不到,那就不算是个合格的营业员。

3. 从会计方向来抓住情报

(1) 要从会计方向抓住情报,大前提就是要能拿到损益表。

(2) 将自己的经营实绩展示给别人看并非是不好的事。

(3) 在此之前,交易开始时即应确实将损益期中的损益表的交付明确订立规则。所有的成员都应以此概念来执行。

(4) 如果不能拿到损益表,也可从许多情报中来做推测,情报的组合建立是营业员和管理者本身的事情。

(5) 连续三至四期亏损的企业是相当危险的。除了一些大企业或者优良企业之外,否则连续的亏损,在资金上当然没有理由能支持。

(6) 如果支付期间是长期性的,必须要有周密的检查追踪。本着公司的立场,以缩短其支付期间为原则。

(7) 在平常,就要做到严格地检查计算错误,而且要确实遵守已约束的支付条件。

(8) 以损益表为基准,财务比率分析和损益表的分析是营业员必需的基础知识。

(9) 损益表亦不可囫囵吞枣。

4. 分析资产状态,获得情报

(1) 从借贷报告表中可得知资产有流动资产和固定资产,固定资产可分为有形固定资产、无形固定资产、投资等。

(2) 如果能拿到财务报表,就可以从数字上来做判断。

(3) 一般对于流动资产的把握是很困难的。但是以决裁条件(如现金的入账、支票付款期很短等)都可看出是不是好的往来对象。

(4) 从外表唯一可以衡量的事物就是商品的库存量。不但要看实际的库存量,亦要检查其入货、出货的情况。

(5) 固定资产在此指的大部分是事业用(并非贩卖用的)的土地和建筑物,在所辖的登记所里取得其不动产登记簿誊本。

(6) 能知道其固定资产的价值额也是很重要的事情。

(7) 在借钱的时候,不论是个人或者法人,在常识上一定要有其担保的抵押品。如果分析其登记簿就可发现一些问题,如企业的资金操作状况,都可以分析出来而做判断。

(8) 不要觉得一点点的费用和劳力是可惜的,而应要有那种对全部交易往来户做调查的气度才可。

(9) 如要知道无形固定资产、投资的事情,几乎是不可能的。

三、同类产品调查

(一) 同类产品的定义

同类产品指的是国内产业生产的与调查中所考虑的产品各方面均相同的产品,或如果无此种产品,则为尽管并非在各方面都相同,但与调查中考虑的产品极为相似的一种产品。

(二) 同类产品调查的内容

(1) 同类产品竞争格局分析。
(2) 同类产品差异化分析。
(3) 同类产品市场占有率分析。
(4) 同类产品优点、缺点比较分析。
(5) 同类产品市场区域与产品定位比较分析。
(6) 同类产品用户结构分析。
(7) 同类产品广告费用与广告表现比较分析。
(8) 同类产品促销活动比较分析。
(9) 同类产品公关活动比较分析。
(10) 同类产品价格比较分析。
(11) 同类产品销售策略比较分析。

(三) 同类产品调查的实施要点

1. 调研同类产品的价格、广告和终端

一个产品要占领市场,那么就要调研好同类产品的情况,才能制定正确的策略。实力强的厂家要想占领市场,那么必须要在广告、价格与终端上都强于对手,才会取得胜利。这就需要调查同类产品的价格、广告和终端销售的情况,并分析主要的竞争对手是谁,找到对手的弱点制订推广方案。如果确定只有一个竞争对手,而市场只有那么大,那么就要看对手的广告怎么打,什么样的价位,多大力度的促销,终端 POP 等宣传品是否到位,找到对手的不足之处。有实力的公司,可以增大投入来挤垮对手。

例如,对手打 1/4 的报纸广告,我们就打半版,对手打半版,我们就打整版;对手非黄金时段上电视广告,我们就黄金时段打;对手买三送一,我们就买二送一;对手终端放一个 200cm×100cm 的 X 展架,我们就放个特大的 250cm×150cm 的 X 展架。

又如,某肝保健品 B 在上市前,企业曾仔细地调研了市场,当时市场的肝保健产品 A 曾在该地区创造过月销售额 100 万元的佳绩,但经过市调查部门的调研,B 产品的生产企业找到了对手"包装不好、零售价较高、促销力度不大、广告投入不足"等弱点。于是,该企业从产品的包装设计到广告的投放都力图胜过 A 产品一筹。该地区肝保健市场"开战"后,B 产品直指 A 产品,坚决夺下这块高地。由于真正地抓住了对手的软肋,导致 A 产品疲于应付,毫无还手之力,结果 B 产品上市不到三个月就将 A 产品赶出了该地区的市场,从此销声匿迹,而 B 产品则坐上了该地区肝保健市场的头把交椅。

2. 询问消费者的感受

(1) 目的:询问消费者感受是为了更好地收集反馈信息,这里消费者的感受不仅包括已购买自己产品的顾客,同时也包括购买对手产品的顾客,以及未购买同类产品的目标消费群体。

(2) 对消费者的具体询问内容包括通过何种方式获取产品方面的信息(新闻、广告、朋友介绍还是促销活动吸引等);是什么因素决定其购买的;使用的效果到底怎么样;对营业员/促销员/电话咨询员的服务是否满意等。

产品要想占领市场,首先要留住老顾客,因为经过某些研究发现,开发一个新客户所需费用是留住一个老客户的5倍(或不止5倍)。而只有调查好老客户对所购产品及服务是否满意,才会发现问题并使之完善,以留住老客户并减少开发新顾客所用的成本。而这些工作要在售后的电话回访或登门拜访及平时的工作中做好记录,作为调研的分析数据。

例如,某公司在产品想占领市场之前更是有一套,该公司从不首先研究如何制定营销策略,而是等到别的公司新产品露面后,立即派出精兵强将,深入到用户那里去调查取证,虚心地向用户探询新产品的优缺点及合理化建议。其次,再根据用户的这些意见及建议,迅速开发出完全符合顾客要求的产品,并据此制订上市方案。由于他们在借鉴其他公司优点的同时,也克服了自己的缺点,结果不仅开发出的产品能更进一步满足消费者需求,同时制订的上市方案也更加完备。所以,产品一经上市,就迅速占领市场。

3. 终端销售人员的评价——政策、包装、回头率等

如今,消费者的消费心理已日趋成熟、理智,仅凭广告的传播就想左右顾客的购买已是"明日黄花",难上加难。影响消费者购买产品的因素越来越多。而若说产品的营销已进入"终端为王"的年代,则一点也不为过,毕竟多数消费者的交易行为是在超市或商场等卖场进行的,而作为卖方的终端销售人员的一言一行都将对此造成影响。例如,某日,一位老先生来到上海南京路的老字号蔡同德药房,点名要正做广告的苦瓜口含片(调节血糖和血脂的保健食品),老先生拿出眼镜,仔细地看外包装,询问价格,然后问到:"这个产品什么时候上市的。"营业员回答:"有六七年了,卖得挺好的。"然后老先生又看了看批号说:"这不是卫食健字(1999)吗?最多也就四年,哪有那么久。"营业员回应:"是吗,那我就不知道了。"最后,这位老先生放下了该产品,不声不响地走了。

从这个小案例中,可以看出,本案中的老先生原本是打算购买该产品的,只是还有些犹豫。如果营业员稍加评点,介绍一下该产品的优点,顾客一定会购买。而营业员的冷漠和错误的回答令顾客心生疑窦,丧失了购买产品的信心,直至最后放弃。导致如此的原因无外乎以下两种情况:厂家与营业员的沟通不够,产品方面的培训不到位;营业员拿不到厂家的提成或实物奖励,无心促销。

因此,当一个产品要占领市场时,一定要对终端销售人员做好调研,询问其对制定的销售政策是否满意,推荐产品是否有积极性,如果双方难以达成一致,那么就要考虑换上自己的促销员。还有终端的POP包装是否有问题,顾客的回头率如何,都要询问清楚,以便及时进行调整、完善。

知识补充

市场调查问卷的设计

市场调查问卷是指记载需要调查的影响广告策划、广告定位的有关因素和项目的表式,调查问卷设计得是否完善,直接影响到调查效果。

一、调查问卷的构成

一份比较完善的调查问卷通常由以下四部分构成。

(1) 被调查者的基本情况,包括被调查者的年龄、性别、文化程度、职业、住址、家庭人均月收入等。

(2) 调查内容本身是指所调查的具体项目,它是问卷的最重要的组成部分。

(3) 调查问卷应说明其内容主要包括填表目的和要求、被调查者注意事项、交表时间等。

(4) 有些问卷需要编号,以便分类归档,汇总统计。

二、调查问卷的题型

一般而言,问卷的题型有三种:问答题、单项选择题、多项选择题。现简单说明如下。

(一) 问答题

直接提出问题,问题本身并不揭示任何暗示的答案,让被调查者自由发表自己的看法。举例如下。

1. ××牌电视机的质量和它在广告中所承诺的一致吗?

2. 请问,您为什么要购买××牌空调?

3. 您觉得我们企业的售后服务如何?

(二) 单项选择题

一般设置相互对立的两个答案,让被调查者选出其中一项。举例如下。

1. 请问您夏季喝汽水吗?　(1) 是　(2) 否

2. 请问您冬季喝汽水吗?　(1) 是　(2) 否

3. 请问您春季喝汽水吗?　(1) 是　(2) 否

(三) 多项选择题

一般设置三个以上的答案(答案的多少视情况而定,可以多达十余个),让被调查者选出其中的一项或多项。举例如下。

1. 请问您是在哪一种情况之下咀嚼口香糖的?

(1) 口渴时　(2) 无聊时　(3) 看电影时　(4) 郊游时　(5) 约会时

(6) 运动时　(7) 看书时　(8) 有口臭时　(9) 预防蛀牙时　(10) 其他(请列明)

2. 请问您平常咀嚼的口香糖是哪一种牌子的?

(1) 芝兰　(2) 梦梦　(3) 雾雾　(4) 啾啾　(5) 箭牌　(6) 哈比　(7) 骑士

(8) 乐天　(9) 海鸥　(10) 小兵一号　(11) 小爱神　(12) 其他(请列明)

3. 当您选购口香糖时,请问您考虑那些因素呢?

(1) 甜味适中　(2) 要有香味　(3) 咀嚼时感觉很好　(4) 包装美观

(5) 可参加抽奖　(6) 含有特殊口味　(7) 其他(请列明)

4. 请问您在购买口香糖时,是否一定会指定品牌呢?

(1) 一定要指定品牌　(2) 指定品牌,但不坚持非要这种品牌不可　(3) 不指定品牌

上述3种题型最常见,除此之外,还有以下8种题型可供使用。

1. 回想题

回想题即明确提示回想的范围,让被调查者根据记忆进行回答。其主要用于测验品牌

名称、公司名称,以及有关广告对被调查者的印象程度。

例如,请您简述太阳神口服液的电视广告内容。

2. 再确认题

再确认题即事先提示某种线索,如图画、照片、文字、名称等,请被调查者回忆确认。举例如下。

下面几种品牌的电冰箱,请把您知道的打"√"

(1)沙松(   ) (2)吉诺尔(   ) (3)琴岛(   ) (4)双鹿(   )
(5)美菱(   ) (6)万宝(   ) (7)香雪海(   )

3. 配合题

配合题即给出两类提示物,请被调查者找出提示物之间的对应关系,以发现他们的认知程度。例如,列出几种电视机的品牌,请被调查者写出它们相应的价格。

4. 比较题

比较题即让被调查者对几种产品的品牌、商标、广告等,根据喜欢程度的不同进行比较选择。例如,请您比较 A、B、C 三种产品的广告。

5. 倾向程度题

倾向程度题即指对于某产品连续进行询问,以了解被调查者从消费一种品牌的商品转变为消费另一种品牌商品的态度差别。这种调查法在调查态度、意见时经常使用。举例如下。

您经常喝什么牌子的啤酒?   答:(M)牌。

目前市场上最畅销 N 牌啤酒,今后您是否继续购买 M 牌啤酒?   是( )否( )

最近 N 牌啤酒广告承诺,有连环重奖酬谢,您是否还购买 M 牌啤酒?   是( )否( )

6. 数值尺度题

数值尺度题即对被调查者的某种属性进行顺序分类,被调查者可以在满意和不满意的量度之间进行选择。举例如下。

看了某产品的电视广告后,您感觉广告设计如何?

(1)很不满意( ) (2)不满意( ) (3)一般( ) (4)满意( ) (5)很满意( )

7. 图解评价题

图解评价题即事先画一份图表,让被调查者就其主观感觉在上面画符号,以表明其评价的内容。

您认为××冰箱的外观造型如何?(画√号)   非常美观   非常不美观

8. 对应评分题

对应评分题即要求被调查者依据事先规定的特征,在评分表上表明自己的看法。举例如下。

请您对可口可乐、七喜、健力宝三种饮料的广告印象评分。

广告艺术性很强   播放时间最佳   诉求对象很明确   广告风格很高雅
广告艺术性很差   播放时间最差   诉求对象很不明确   广告风格很庸俗

三、设计问卷题型的方法

如果说问卷的题型是从内容的角度上说的,那么设置问卷题型的方法则是从手法的角度上说的。有以下四种方法可供参考。

(一) 衡量尺度法

由于利用直接访问征询意见,无法获知个人在态度上的反应,有时被访者也无法表达他的态度,因此利用衡量尺度法是一种较为合理的方法。衡量尺度法又称次序尺度法,在市场调查上应用最广,方式最为简单,就是利用次序的前后来决定回答者对于问题的偏好程度。举例如下。

您最喜欢哪几种牌子的牙膏?(请按喜欢次序填列) (1)   (2)   (3)   (4)

(二) 等级尺度法

为了测知一个人对于一件事情所抱的态度,等级尺度法利用不同的等级进行划分。举例如下。

假如在您家附近开了一家青年商店,您也可能在这个青年商店购买商品,下表内所列商品是该商店所经销的,请您按照目前可能购买的情况在数字下画出"√"。

商品名称	购买程度
冷冻猪肉	1. 曾经常购买 2. 偶尔购买 3. 曾购买 4. 可能不购买 5. 绝不购买
蔬菜	1. 曾经常购买 2. 偶尔购买 3. 曾购买 4. 可能不购买 5. 绝不购买
速食面	1. 曾经常购买 2. 偶尔购买 3. 曾购买 4. 可能不购买 5. 绝不购买
卫生纸	1. 曾经常购买 2. 偶尔购买 3. 曾购买 4. 可能不购买 5. 绝不购买
洗衣粉	1. 曾经常购买 2. 偶尔购买 3. 曾购买 4. 可能不购买 5. 绝不购买

这是以商品类别来探询顾客购买的态度,利用等级尺度法来测试,1~5表示其购买的可能程度。

(三) 间接尺度法

为了搜集有关一般人对某一个主题所抱的态度,利用间接尺度法,先收集对于该事项的可能态度,然后予以合并归类,成为陈述句,再以这些陈述句按照其态度的两个极端——赞成及反对,顺序来排列,成为11句陈述句,第6句为中立句,让被访者挑选其中最适合他的态度和意见的一句话,这种方法称为赛斯通尺度表,举例如下。

舒洁卫生纸在电视广告以"新闻号外"播出卫生纸广告一则,请问您看后的感觉如何?
1. 应该取缔 2. 看后非常生气而讨厌 3. 觉得好像受骗 4. 不喜欢这种广告方式
5. 广告新闻化太夸张 6. 一笑置之无所谓 7. 没有什么好说的   8. 广告本来就是无奇不有   9. 觉得这种广告不错   10. 很注意这则广告   11. 看后很想购买

除赛斯通尺度表之外,还有利可特尺度法用来测定态度,它不像赛斯通尺度表将可能的反应列出,仅陈述一种态度,然后以是否同意区分为五等或七等不同的尺度来测试其态度,如非常同意、同意、未定、不同意、非常不同意。

(四) 语意差别法

语意差别法用于测度消费者对于品牌及企业整体之印象最多,在市场调查中常被使用。语意差别法就是用两个意义相反的形容词,中间分成若干个间隔以作为衡量的尺度,然后再由若干套衡量尺度构成一个语意空间,以作为衡量印象的方法。举例如下。

在您的想象中,拥有洗衣机的家庭是什么样子的家庭?请按下列表格两端的形容词所表示的意义,依照您认为适当的程度,在相应的位置上打"√"。

拥有洗衣机的家庭是"教育水准高"的家庭则在"＋2"栏打"√",如认为拥有洗衣机的家庭其"教育水准不高也不低",则在"0"栏打"√"。

四、设计调查问卷应避免的问题

设计问卷各类题型及问法,也是一门学问,不能随意设计,否则便会影响调查的效果。因此,在设计调查问卷时应避免下述问题。

(一)避免肯定性语句

在设计问卷时,不能事先肯定被调查者有某种商品。举例如下。

您用的自动刮胡刀架是什么品牌?

您家里的电脑是兼容机或品牌机?

您爱喝什么品牌的汽水?

正确的设计方法,应该在肯定性问题之前增加"过滤"问题。举例如下。

您是否已买了自动刮胡刀架?

您的家庭是否已购买了电脑?

您爱喝汽水吗?

(二)避免使用引导性语句

所谓引导性语句,是所提问题中使用的词不是"中性"的,而是向被调查者提示答案的方向,或暗示出调查者自己的观点。举例如下。

××牌酒,是过去皇帝才能享受的,您打算购买吗?

××西服,是男人潇洒的标志,您准备购买吗?

××牌助动自行车能使老年人脚下生风,您打算购买吗?

由这样的问句产生的结论,将缺乏客观性和真实性。

(三)避免使用模糊语句

例如,下列的问法就属于模糊的语句。

您经常穿T恤衫吗?

您爱穿羽绒服吗?

您经常喝汽水吗?

这样的模糊问法,被调查者不好回答。例如,询问:"您经常穿T恤衫吗?"若是一位没有T恤衫的人,他还可以回答:"我没有T恤衫"。若是一位有几件T恤衫的人就不好回答。他若回答"经常穿吧",不对,因为春、秋、冬季不可能穿。他若回答:"不经常穿"吧,也不对,因为夏季他经常穿着。

所以正确的问法如下。

您夏天经常穿T恤衫吗?

您冬天爱穿羽绒服吗?

您夏天(或春天、秋天)爱喝汽水吗?

这么一改,被调查者就好回答了,调查的结论亦会更具准确性。

 **知识补充**

市场调查报告的撰写

一、市场调查报告的格式

市场调查报告的格式一般由标题、目录、概述、正文、结论与建议、附件六部分组成。

（一）标题

标题和报告日期、委托方、调查方，一般应打印在扉页上。

关于标题，一般要在与标题同一页，把被调查单位、调查内容明确而具体地表示出来，如《关于北京市家电市场调查报告》。有的调查报告还采用正、副标题形式，一般正标题表达调查的主题，副标题则具体表明调查的单位和问题，如《消费者眼中的〈北京青年报〉——〈北京青年报〉读者群研究报告》。

（二）目录

如果调查报告的内容、页数较多，为了方便读者阅读，应当使用目录或索引形式列出报告所分的主要章节和附录，并注明标题、有关章节号码及页码。一般来说，目录的篇幅不宜超过一页。举例如下。

目录

1. 调查设计与组织实施
2. 调查对象构成情况简介
3. 调查的主要统计结果简介
4. 综合分析
5. 数据资料汇总表
6. 附录

（三）概述

概述主要阐述课题的基本情况，它是按照市场调查课题的顺序将问题展开，并阐述对调查的原始资料进行选择、评价、做出结论、提出建议的原则等。主要包括以下三方面内容。

第一，简要说明调查目的。即简要地说明调查的由来和委托调查的原因。

第二，简要介绍调查对象和调查内容，包括调查时间、地点、对象、范围、调查要点及所要解答的问题。

第三，简要介绍调查研究的方法。介绍调查研究的方法，有助于使人确信调查结果的可靠性，因此对所用方法要进行简短叙述，并说明选用方法的原因。例如，是用抽样调查法还是用典型调查法，是用实地调查法还是文案调查法，这些一般是在调查过程中使用的方法。另外，在分析中使用的方法，如指数平滑分析、回归分析、聚类分析等方法都应作简要说明。如果部分内容很多，应有详细的工作技术报告加以说明补充，附在市场调查报告的最后部分的附件中。

（四）正文

正文是市场调查分析报告的主体部分。这部分必须准确阐明全部有关论据，包括问题的提出到引出的结论，论证的全部过程，分析研究问题的方法，还应当有可供市场活动的决策者进行独立思考的全部调查结果和必要的市场信息,以及对这些情况和内容的分析评论。

（五）结论与建议

结论与建议是撰写综合分析报告的主要目的。这部分包括对引言和正文部分所提出的主要内容的总结,提出如何利用已证明为有效的措施和解决某一具体问题可供选择的方案与建议。结论与建议和正文部分的论述要紧密对应,不可以提出无证据的结论,也不要没有结论性意见的论证。

（六）附件

附件是指调查报告正文包含不了或没有提及,但与正文有关的必须附加说明的部分。它是对正文报告的补充或更详尽说明。包括数据汇总表、原始资料背景材料和必要的工作技术报告,如为调查选定样本的有关细节资料及调查期间所使用的文件副本等。

二、市场调查报告的内容

市场调查报告的主要内容包括以下几方面。

第一,说明调查目的及所要解决的问题。

第二,介绍市场背景资料。

第三,分析的方法,如样本的抽取,资料的收集、整理、分析技术等。

第四,调研数据及其分析。

第五,提出论点。即摆出自己的观点和看法。

第六,论证所提观点的基本理由。

第七,提出解决问题可供选择的建议、方案和步骤。

第八,预测可能遇到的风险、对策。

第七章
业务谈判与合同签订

一、采购业务谈判

(一) 采购业务谈判前的准备工作

在谈判的最初阶段,准备工作显得尤其重要,具体的准备工作如下。

1. 市场调查

(1) 采购员在采购新商品之前,要广泛调查市场竞争情况,确立竞争对手。确立竞争对手的原则是:在同一地域;有同等规模;在整个市场上有代表性。

(2) 要调查整个市场上可以经营的商品。

(3) 要了解顾客最需要的商品是什么。

(4) 比较零售价格。了解商品在整个市场上最低零售价格是多少。

2. 对供应商状况做详细调查

对供应商状况做详细调查包括厂家/供应商资金实力、技术条件、资信状况、生产能力等,这些基本资料要求厂家/供应商详细提供,有些需通过相关资信评估机构的确认。调查内容如下。

(1) 该公司的财务状况如何?

(2) 是否有内部问题?

(3) 该供应商的诚信度如何?

(4) 该供应商在谈判方面的态度如何?是很强硬还是很直率?

(5) 参加谈判的人员素质和性格怎样,做决策很谨慎、很慢,还是很冲动、很爽快?

(6) 是否有时间上的压力,为什么?

(7) 该公司的实力,商品在市场销售、占有率如何?

(8) 谁是对方的最终决策者?

3. 回顾以前的谈判情况

(1) 过去的谈判是否顺利?

(2) 你对谈判的结果是否满意?

(3) 有什么经验和教训,在什么地方可以改进?

(4) 该供应商在过去的谈判中常用的谈判技巧。

(5) 该供应商是不是值得信任？

(6) 在前期谈判时双方在哪些方面做了让步？清晰地回顾过去的谈判会对你的准备工作有非常大的帮助。

4. 列出要谈判的内容

(1) 交易条件/贸易条件。

① 价格——折扣、返佣等。

② 合作方式——现结、承兑、周结、半月结、月结、45 天结、双月结、代销、联营、租赁等。

③ 付款——付款时间、票贴等。

④ 送货——送货模式、时间、地点、送货量、配送费、退换货等。

⑤ 质量——必须符合国家的质量标准。

⑥ 固定费用——年节费、店庆赞助费、新店开业赞助、老店翻新费等。

⑦ 违约——公司所要求的违约条款及处罚标准。

(2) 促销活动。

① 促销折扣。

② 促销形式。

③ 促销费用——DM[①]费、特殊陈列(堆头、N架、挂网)促销人员进场费、场外活动赞助费等。

④ 促销付款期。

(3) 新品进场：价格、进场费、促销活动、免费赠品。

(4) 陈列：陈列费、陈列面积。

5. 设定谈判要达到的目标

(1) 理想目标——最令你满意的目标：草拟提议的基础，基于慎重及可抗辩的理由，必须是可信的设定更高的目标，会导致更多成果；高目标则高风险，需要更多的准备和耐心。

(2) 预期目标——为供应商所能接受之最接近理想目标的解决方案。

(3) 最低目标——低于此目标即无法达成协议。了解公司底线目标：价格、质量、服务、运送、规格、支付等要求并写在纸上，而不是跟对方说"你尽量……"定义此最低目标乃依据，它是当谈判失败时所能采取的最佳替代方案。扩展预期目标与最终底线的距离空间(增加谈判时弹性空间)。

6. 确定和组织问题

现在可以确定和组织问题，并列出双方在各个问题上的相同和不同之处。要记住每个争论点都要有可靠的资料加以支持。

7. 计划战略

三个实用战略如下：

一是避谈本方立场，先是试探对方观点。这往往用于对方很想达成协议，而自己又缺乏足够信息的情况。二是直接讲出最理想方案，这通常用于已了解对方的方案时。三是讲出最理想方案，紧接着讲出目标方案。这往往用于处在弱势但又有能力说服对方的时候。

---

① DM 是英文 Direct Mail 的缩写，意为快讯商品广告，通常由 8 开或 16 开广告纸正反面彩色印刷而成，通常采取邮寄、定点派发、选择性派送到消费者住处等多种方式广为宣传，是超市最重要的促销方式之一。

8. 战术

战术的合理利用能使计划成功实施。这些战术包括以下几种。

(1) 将问题按重要性排序。

(2) 聪敏的提问以得到尽量多的信息,而不是"是"或"不是"的回答。

(3) 有效地听。

(4) 保持主动。

(5) 利用可靠的资料。

(6) 利用沉默,这可使对方感到紧张而进行进一步的讨论。

(7) 避免情绪化,这会使谈判只针对人而不是针对事。

(8) 利用谈判的间隙重新思考,避免受对方牵制。

(9) 不要担心说"不"。

(10) 清楚最后期限。

(11) 注意体态语言。

(12) 思路开阔,不要被预想的计划束缚了创造性。

(13) 把谈判内容记录下来以便转成最终合同。

9. 如何让步

(1) 在哪些方面可以让步?

(2) 在谈判到什么时候让步?

(3) 按什么顺序适度地做出让步,以及做多大程度的让步?

(4) 所有的让步绝不是无条件的让步,一切在计划之中。

10. 谈判双方的长处与弱点

(1) 零售商的长处及弱点。

(2) 供应商的长处及弱点。

11. 选择谈判团队

选出队长,其他成员必须明确自己的任务并支持队长。

12. 定出谈判的议程

哪些问题要讨论、谁来讨论及会议的流程都要预先确定。记住把主场设在自己一方总是有利的。而且要确定谈判对手是否有决定权,必要时可以直接询问对方的权限。

13. 谈判的时间进度表

清楚的时间表是有利的工具。

以上的讨论对谈判专家是一个回顾,对新手是个起点。上述技能的应用要根据个人风格和具体情况而定。

(二) 谈判热身——了解需求

(1) 正式谈判开始时应先试探对方。

(2) 对方队此次参加谈判的人员充当什么角色?谁是决策者?

(3) 对方队对此次谈判的重视程度?

（4）对方在此次谈判与上次谈判中有哪些变化？

知识补充

零售业务谈判的基础知识

一、零售业务谈判概述

在与大型超市/卖场打交道的时候，什么是让供应商最困惑的问题？很多供应商对此的答案是：谈判。为什么会对大卖场的谈判如此地心存困惑呢？主要是有以下几个原因决定的。

（1）谈判内容的复杂性。大型超市/卖场的操作规则通常是严谨的一个体系，涉及的谈判细节是很多的，有很多供应商的人员不能很好地把握重点，处于劣势的时候自然就把握不好谈判的质量和火候了。

（2）谈判人员的素质问题。大型超市/卖场的采购一般都具有较高的文化素质和专业度，大都经过严格系统的采购专业训练，所以其综合素质比一般的供应商人员要高出很多，他们的谈判技巧也是普通的供应商人员没法比的。

（3）大型超市/卖场的操作流程相对复杂，特别是有外资背景的大型超市/卖场比国内的卖场又要复杂很多，供应商人员是缺乏系统学习和了解的，在认知上存在很大的差异，在谈判的时候，会有很多理解上的不对称，因此才会使得供应商对谈判问题困惑重重。下面我们来全面地了解大卖场的谈判规则，看看大型超市/卖场是如何定位谈判的，并制定了怎样的谈判原则等。

二、零售业务谈判的定义

零售业务谈判是零售业务的沟通过程，通过这一过程化解或消除供应商和零售商双方在合作中相互遵循的规则上所存在的分歧，进而达成交易的一个过程。零售业务谈判是供应商和零售商之间商谈或讨论以达成协议。这些协议或折中方案里包含了所有交易的条件，而非只有价格。成功的零售业务谈判是一种买卖之间经过研究、计划、分析的过程，以达成互相可接受的协议或折中、双赢的方案。

三、零售业务谈判的原则

谈判的过程是与厂商共同协商、分析市场、寻找商机的过程，不可单纯地理解为双方利益的分割，因此双方只有以诚为本，才能互利双赢、共同发展。

四、零售业谈判的两个主题

（1）准备：花费80%的时间。

（2）谈判：花费20%的时间。

五、零售业务谈判的步骤

零售业务谈判的步骤见图7-1。

准备过程 → 谈判热身，了解需求 → 正式谈判并达成协议 → 回顾与总结

图7-1 零售业务谈判的步骤

六、零售业务谈判的主要项目

（1）年度合同的谈判（付款条件、年度返利、年节赞助金、服务费、违约条款等）。

(2) 促销谈判。
(3) 端架陈列面积、货架位置的谈判。
(4) 正常商品的进价、售价。
(5) 销售业绩的追踪。
(6) 新品引进、旧品淘汰。
(7) 相关违约责任、重点异常事故的追踪及罚金的谈判。
(8) 买卖双方在实际配合上的常见问题的解决。

七、谈判动态

谈判动态见图7-2。

图7-2 谈判动态

二、采购业务谈判的内容

(一) 采购业务谈判的制约文件

超市公司买手同供应商进行谈判的依据是超市公司制订的商品采购计划、商品促销计划及供应商文件。

(1) 商品采购计划。该计划包括商品大类、中分类、小分类(不制定单品计划指标)等各类别的总量目标,以及比例结构(如销售额及其比重、毛利额及其比重)、周转率,各类商品的进货标准、交易条件等。

(2) 商品促销计划。该计划包括参加促销活动的厂商及商品,商品促销的时间安排,促销期间的商品价格的优惠幅度、广告费用负担、附赠品等细节内容。

(3) 供应商文件。商品采购计划与促销计划是超市公司采购业务部制订的两项总体性计划,通常是针对所有采购商品制订的而不是针对某供应商而制订的。买手同供应商进行业务谈判还必须依据总部制定的供应商文件来进行,其内容:① 供应商名单(公司名称、地址、开户银行账号、电话等);② 供货条件(品质、包装、交货期、价格及折扣等);③ 订货条件(订购量、配送频率、送货时间等);④ 付款条件(进货审核、付款、退货抵款等);⑤ 凭据流转程序(采购合同—订货单—供货编号—形式发票—退货单—退货发票)。

供应商文件实际上是要求供应商在与超市的交易中,按照连锁企业的运作规范来进行的。

(二) 采购双方业务谈判的内容

上述三项文件尤其是供应商文件构成采购业务谈判内容的框架,也是采购合同的基本内容框架。厂家/供应商资格达到标准后,超市公司采购主管应将本方对具体供货要求的要点向厂家/供应商提出,初步询问厂家/供应商是否接受。而后,双方还将就下列问题、事宜进行进一步的业务磋商,具体谈判内容如下。

1. 商品的质量

质量的传统解释是"好"或"优良"。对超市采购人员而言,质量的定义应是"符合买卖双方所约定的要求或规格就是好的质量"。故双方在洽谈时,应就商品达成相互同意的品质标准,以免日后的纠纷或法律诉讼。为了今后顺利地进行交易,供应商/厂家应保证提供下列有关质量的文件:产品规格说明书、检验方法、产品合格范围。

通常在合约或订单上,质量是以下列方法的其中一种来表示的:① 市场上商品的等级;② 品牌;③ 商业上常用的标准;④ 物理或化学的规格;⑤ 性能的规格;⑥ 工程图;⑦ 样品(卖方或买方)。

2. 包装要求

商品的包装可以分为两种:内包装和外包装。

(1) 内包装。即用来保护商品或说明商品用途的包装。设计良好的内包装,通常可以激发顾客的购买意愿,加速商品的流转。国内供应商在这方面还有待于加强。

(2) 外包装。仅用于仓储及运输过程中的保护。包装通常扮演非常重要的角色,如果外包装不够坚固,在仓储过程中损失太大,会降低作业效率,并影响利润;但倘若外包装太坚固,商品的配送成本就会增加,商品的价格也会相应偏高,导致商品的价格缺乏竞争力。

对于某些商品若有销售潜力,但却无合适的包装时,供应商可以单独制作此种包装,供超市销售。总之,谈判双方应协商对彼此双方都有利的包装,否则不应草率订货。

3. 商品的价格及价格折扣优惠

除了商品的品质和包装,商品的价格也是洽谈中最重要的项目,如新产品价格折扣、单次订货数量折扣、累计进货数量折扣、年底退佣不退货折扣(买断折扣)、提前付款折扣及季节性折扣等。采购人员会以进价加上超市合理的毛利后,判断该价格是否可以吸引客户购买,反之就不会向该供应商采购。

在谈判之前,采购人员会事先调查市场价格,如果没有相同商品的市场价格可查,应参考类似商品的市场价格。

厂家的应对策略:设置合理的价格标准,不宜报价过高或过低。

4. 订货量

采购总量和采购批量(单次采购的最高订量与最低订量)。

由于以考虑适当、及时为原则,商场、超市一般不会以供应商希望的数量为依据进行订货。因为一旦存货滞销时,会导致利润降低、资金积压及空间浪费。尤其分店数量较少的时候,订购量更难令供应商满意。所以在谈判时,采购员会尽量笼统,不会透露明确的订购数量,如果因此而导致谈判陷入僵局时,就会转到其他项目谈判。

5. 折扣

折扣通常有新产品引进折扣、数量折扣、付款折扣、促销折扣、无退货折扣、季节性折扣、经销折扣等数种。有经验的采购人员会引述各种形态的折扣,要求供应商让步。但有实力的供应商往往会以全无折扣作为谈判的起点。

6. 付款期限、结算方式

付款条件与采购价格息息相通,一般供应商的付款条件是月结60～120天,买方到付款时可获3%～6%的折扣。例如,北京地区的月结有30天、60天、90天,各超市不同,这要看谈判技巧和商品。

货款结算的方式很多,一般包括现结(又称买断,即现款现货)、账期(即货到若干天后付款)、滚结(又称批结,每次送货后结清上次的货款)、代销(或者称为实销实结,每月按实际的销售量结清货款或者销售满一定金额后予以结款)。

正常情况下,付款作业是在单据齐全时,按买卖双方约定的付款条件,由电脑系统自动生成,这是超市的一大优势。因为一般国内的零售商在付款时,总是推三托四,延迟付款,造成供应商财务高度的困难。

7. 交货期

交货期包括交货时间、频率、交货地点、最高与最低送货量、验收方式,以及送货产品的保质期等。对于零售商来说,一般交货期越短越好。因为交货期缩短,订货的次数则可以增加,订购的数量就可以相应减少,库存会降低,仓储空间的需求就会减少。对于有时间承诺的订货,超市采购人员会要求供应商分批送货,以减少库存压力。

8. 交货时应配合的事项及厂家应对策略

超大型的货仓式自选商场,商品的进出量极大,若供应商无法在送货作业上与超市密切配合,则会使超市的收货作业陷于瘫痪。超市的收货月台通常可容纳十几辆货车,故收货部门有专人按日期及时段安排供应商交货的时间。采购人员会在谈判时,很明确地将此作业方式向供应商说明清楚。

厂家应对策略:供应商可以承诺,按照交货要求进行交货,以避免出现供应商无法实现时,彼此的合作关系大打折扣的现象。

9. 促销

促销包括促销保证、促销组织配合、促销费用承担、导购员的进场事宜等相关促销活动及安排。

DM是超市的一大武器,此一促销利器在全世界各地都无往不利,但这全依据采购人员选择的商品是否正确,以及售价是否能吸引客户上门。在政策上,通常超市会在促销活动之前一两周停止正常订单的工作,而刻意多订购促销特价的商品,以增加利润,除非采购人员无法取得特别的价格。

在促销商品的价格谈判中,一般供应商的促销费用预算通常占营业额的10%～25%,会由此预算拨出一部分作为促销之用,比较常用的方法是多给相同商品的免费赠品,如买一打赠三瓶。

10. 商品的送货、配货和退货要求

(1) 送货要求

供应商的送货时间与数量由商场、超市的下单员严格按照采购合同和商场/超市销售状况执行。送货时间体现的是准时和高效服务,既不能迟送也不能早送;送货数量体现的是经济和成本,既不能少送也不能多送。

① 送货涉及商场/超市的采购部、供应商、配送中心等多个单位,各单位只有密切的配合,才能使多个环节很好地衔接,保证采购合同的顺利履行。

② 送货有配送和直送两种方式,它们都有各自的优势范围。对于不同种类、不同批量的商品,或者对于不同位置、不同距离区段的分店,选择配送还是直送的依据是商场/超市实行何种配送体制,并以降低物流费用为标准。商场/超市会在统一配送的原则下,根据物流成本的实际情况,选择那些离供应商距离区段相对近的分店,以及品种单一、体积大、不易装卸、无须加工和保险程度高的商品,由供应商直接将货送到。

(2) 退货要求

退货包括退货条件、退货时间、退货地点、退货方式、退货数量和退货费用分摊。

退货是指卖场将商品退给原供应商/厂家的情况。造成退货的原因有:①商品质量或包装有问题,顾客退回后,门店收货部再转给供应商;②存货量太大或商品滞销,门店消化不了,退还给供应商/厂家;③商品未到保质期,即已变质,门店退还给供应商/厂家;④在仓储运输过程中被损坏的商品,供应商也可以要求门店退货或者退款。

11. 售后服务

售后服务包括包换、包退、包修和安装等。对于需要售后服务的商品,如家电、相机、手表等,采购人员会在洽谈时要求供应商在商品包装内,提供该项商品售后服务维修单位的名称、电话、地址,使顾客日后在需维修所购商品时,直接与店家联络。

12. 各种费用

各种费用包括进场费、新品费、店庆费、陈列费、节日费、促销费和广告费等。

下面以北京为例,进场费及销售费用如下。

(1) 进场(店)费。一般都和连锁总部的采购部门沟通,因为全国各地的产品都汇聚北京,所以首先要让他们觉得产品很有优势或有独特的定位。进场费根据连锁卖场的规模不尽相同,大的连锁现在都在 10 万元左右。

(2) 单品费。进场费只代表公司的产品可以进场销售,但具体进什么产品,每个产品还有单品费。

(3) 条码费。系统录入费用,有的收了单品费就不收条码费了。

(4) 折扣点。一般根据厂家/供货商的报价单会有一定的折扣,同样规模的店折扣点一定要统一,不然日后厂家的麻烦就多了。

(5) 配送费。如果是连锁店统一配送货物到各个分店,一般还有 2‰~3‰ 的配送费。

(6) 年终返利。一般在合同中会要求按不同的销售额度年终返利。

(7) 年节赞助费。遇春节、五一、十一或店庆等节日,要求厂家给予费用赞助或促销支持,费用为几千元不等。

(8) 陈列费。堆头费或专架费,想找好位置就要多投资。

(9) 广告赞助费。为增加超市的利润,采购人员会通过与供应商谈判争取更多的广告赞助,超市所指的广告赞助有下列几项:快讯的广告赞助;停车场看板的广告赞助;购物车广告板的广告赞助;卖场标示牌的广告赞助;端架的广告赞助。

其中以第一项"快讯的广告赞助"为最大。由于快讯的印刷及邮寄成本很高,依国外量贩店之经验,约 80% 之成本系由供应商来支付,采购人员应要求供应商赞助此种费用,许多省每年商业广告费高达 40 亿元。

13. 进货奖励

进货奖励与数量折扣是有区别的。进货奖励是指一段时间达成一定的进货金额后,供应商给予的奖励,这是家电业及某些行业惯用的行销方式,而数量折扣是指单次订货的数量超过某一范围时所给的折扣。

采购人员会要求供应商在实现一定采购量后给予进货金额 1%~10% 的进货奖励(以月、季或年度计算),此种奖励对提升超市的利润有益。

供应商会因业绩的需要完全有可能提供此种奖励。有些商品可能供应商因种种原因不愿以较低的价格供应时,采购人员会为增加利润,在与供应商谈判时要求更高的进货奖励。

采购谈判本身是很复杂的,因为谈判对象、供应商规模、谈判项目都不同,但采购人员只要灵活运用以上所述的技巧与策略,在谈判中将不难一一克服。经验、机智与毅力才是谈判人员所需要的。

上述谈判内容加上违约责任、合同变更与解除条件及其他合同必备内容就形成采购合同。

 知识补充

常见的支付工具及结算方式

1. 支票

支票由出票单位签发,出票单位开户银行为支票的付款人,手续简便。既有现金支票,可以提现;又有转账支票,可以转账;还有普通支票既可以转账,又可提现,方便灵活,要求"收妥抵用",在同城或同一票据交换区域范围内使用。但在支票结算中可能存在签发空头支票,支票上的实际签章与预留银行印鉴不符等问题,存在一定风险。

2. 汇兑

汇兑是汇款人委托银行将款项支付给收款人的结算方式,是企业间款项结算的主要方式之一,通用性强,适用于异地结算。目前银行都开办了对公通存通兑业务,办理跨机构间人民币银行结算账户款项收、付,并实现资金即时到账。

3. 银行汇票

银行汇票的签发银行作为付款人,付款保证性强;代付款人先付款,后清算资金;特别适用于交易额不确定的款项结算与异地采购之用。例如,选取银行汇票结算,一方面票据自带,可以避免携带大额现金的风险;另一方面也可以避免采取汇兑结算,款项付出后拿不到货物的风险。

4. 商业汇票

(1)银行承兑汇票。它具有极强的融资功能,承兑申请人可以在资金不足的情况下,通过申请银行承兑,以承兑银行的信誉作为付款保证,获得急需的生产资料;持票人急需生产资金时,既可以向开户银行申请贴现,也可以向供货单位背书转让票据;提供贴现贷款的银行急需资金时,既可以向中央银行申请再贴现,也可以向其他商业银行申请转贴现;票据到期,承兑申请人不能足额交存票款时,承兑银行兑付票款后,将不足部分转入其逾期贷款户。银行承兑汇票是将商业信用与银行信用完美结合的一种结算方式。例如,选取银行承兑汇票结算,就可以降低乃至避免采取托收承付结算中,货已发出,难以及时、足额收到货款等风险的发生;但由于票据的流转环节多,提示付款期限长,查询难度大,容易被复制,风险也较大。同城异地结算均可使用此种结算方式。

(2) 商业承兑汇票。它是由付款人或收款人签发,经付款人承兑的商业汇票。持票人需要资金时,既可以申请贴现,也可以背书转让。承兑人作为付款人,付款保证程度视企业的信誉高低而定,商业银行、被背书人接受票据的难易程度也视承兑人的信誉而定。一般而言,商业承兑汇票的付款保证性没有银行承兑汇票高。同城、异地交易均可使用。

5. 银行本票

银行本票见票即付,如同现金,出票银行作为付款人,付款保证性很高。既有定额本票,又有不定额本票,可以灵活使用。例如,选取银行本票结算,就可以避免因签发空头支票、签章与预留银行印鉴不符的支票而使企业财产被人欺骗的风险;缺点是银行本票由银行签发,与支票相比手续相对繁杂。在同城范围内使用银行本票。

6. 国内信用证

国内信用证结算适用于国内企业间的商品交易款项的结算,不能用于劳务供应款项的结算。付款保证性强,申请开证时需交纳一定比例的保证金,只要受益人遵守了信用证条款,开证行就必须无条件付款;具有融资功能,受益人在信用证到期前需要资金时,可以向指定的议付行申请议付;通过银行进行传递,手续严密,不可背书转让,流转环节少;灵活性强,信用证开出后,在信用证有效期内,随着购销活动的变化,经开证申请人与受益人协商一致,可以修改已确定的信用证条款;开证行作为付款中介,负责单据与已订立信用证条款的核对工作,很好地保护了收、付款双方的利益。但采用这种结算方式,对货运单据的合法性、规范性要求高,手续相对繁杂,手续费也比较高。

三、厂家应掌握业务洽谈的技巧

(一) 尽可能在本公司谈判

心理上,在本公司谈判在资料寻找方面占有优势并节约费用。谈判一般在预约下进行,并且避免采购人员违规操作。

(二) 拟定好谈判策略

厂家/供货商事前对谈判的相关因素做认真的分析,对各种可能发生的意外预先做好充分的准备,或者召集有经验的超市业务人员进行商讨,对超市主管可能提出的要求和异议进行探讨,拿出应对方案,这是十分必要的。

在谈判前,厂家/供货商应先设定谈判底线,设定好自己所要达成的最高目标和最低目标。什么是可以妥协的条件;什么是坚决不能让步的底限;在做出某些让步的时候,对方应该做出哪些合理的让步等,厂家/供货商心里要有自己的一把标尺。厂家/供货商对超市主管开出的条件,要有应对之策,能当场给予其策略性的回答。

(三) 派专业人员谈判

厂家/供货商要尽可能派专业的谈判人员来与超市主管谈判,而尽量不要由当地业务经理来主导谈判。因为专业的谈判人员有丰富的谈判经验,事前能对谈判的相关因素做全面分析,对各种可能发生的事情预先做充分的准备,就可以减少谈判过程中的失误。但有些中小厂家/供货商出于费用考虑,没有设立专职的谈判人员。那么他们有必要把公司各区域市场具体负责超市谈判的业务经理集中起来,做专门的谈判技巧培训,提高其谈判能力,并注意彼此间的定期交流和探讨,这样就可以取长补短,而不会犯同样的谈判错误。

(四) 把握谈判情绪

谈判应认真、耐心,尤其在与对方意见出现严重分歧时,不大声喧哗,注意对人的尊重,不带脏话,注意因个人形象而影响企业形象。其实对方不怕你言情激动,就怕你思路清楚,点击要害。

应表明自己所做的每一个让步对厂家来说都是重大的损失(问许多"怎样"的问题,告诉对方,己方愿意妥协让步);应保持从容的目光接触,不要轻易让步,除非得到一些东西作为回报;交易中,在小事情上做出让步是为了在大项目上不妥协。

(五) 内部观点要一致,配合要默契

和同事、助手与对方谈判时,内部观点要一致,配合要默契,永远不要损害对方的尊严。(罢谈后,及时与对方联系;为了减少损害,应同意日后约定日期再会谈)

(六) 掌握谈判策略,减少进场费用

1. 用产品抵进场费

在和商场/超市谈判的时候,要尽量采取用产品抵进场费的办法。这对厂家而言,不仅降低了进场费(产品还有毛利),也减少了现金支出。

2. 用终端支持来减免进场费

商场与超市宣传支持有卖断超市户外广告牌、广告位等,为超市制作相关的设施和设备,如店招、营业员服装(童装可做)、货架、顾客存包柜、顾客休息桌椅等。但要注意的是,这上面全部要打上产品的广告和标志。

3. 尽量支付能直接带来销量增长的费用

能直接带来销量增长的费用有堆头费、DM 费、促销费和售点广告发布费等。不能直接带来销量增长的费用有进场费、节庆费、店庆费、开业赞助费、物损费、条码费等。不能直接带来销量增长的费用,对厂家来说几乎不会产生什么效果,而堆头陈列、售点广告位、促销导购员、特价促销却能给厂家带来明显的销售增长。因此,在谈判的时候,应该尽量地减少不能给厂家自己带来销量增长的费用,尽量支付能带来销量增长的费用。

(七)利用关系资源,做好公关

应该整合客情关系资源,多与商场和超市的采购人员沟通。例如,多举办一些联谊活动,培养和采购人员之间的感情。这样,进场费等各项费用也许就会调低一点。

同时,可以采用"曲线公关"的策略,利用和超市采购员熟悉的老同事、老朋友来牵线,或者通过与厂家有关系的卫生、工商、税务、质检等部门出面,跟超市打个招呼,请他们特别关照一下(当然,这种"曲线公关"的策略,只有在二三级城市的超市才有"用武之地")。

(八)谈判回顾与总结

(1) 对谈判的条款进行确认。
(2) 更深层次了解对方。
(3) 找出谈判中的不足之处,及时改进、完善自己。
(4) 做好谈判记录,存档备案。

 知识补充

零售商与设柜厂商合约书范例

立合约书人:

××股份有限公司(以下简称甲方)
××股份有限公司(以下简称乙方)

双方就设置专柜营业议定合约条款如下。

第一条:设柜

(1) 甲方同意乙方在××商业大楼第____楼____号区位设置专柜,经营本约所定的业种。
(2) 甲方如基于统一管理营运需要,或乙方所经营业种更换无法配合甲方需求时,必须通知乙方,乙方应无条件同意甲方调整柜位或增减其营业面积及其他改换事宜。

第二条:经营期限

(1) 本合约约定期限自____年__月__日起至____年__月__日止。
(2) 乙方在合约期间,未经甲方同意,不得擅自转让设柜权利或与第三者合作经营及有其他损害甲方权益之行为,否则以违约论,甲方可终止本合约。
(3) 合约期满,乙方经甲方同意续约,但应于期满前一个月由乙方先行提出书面申请。合约期间乙方如需中途撤柜,应于45日前提出撤柜申请,经甲方同意后方可撤柜。
(4) 乙方应接受甲方的监督管理,并遵守甲方所制定的管理规章,除另有规定外,乙方不得于营业时间内停止营业,否则以违约论。

第三条:营业项目与方针

(1) 乙方的营业项目以本约规定业种为限。甲方认为必要时,乙方商品及定价应送甲方审核可陈列出售,其业种不得任意变更。新增营业项目也须先以书面正式申请,经甲方同意后方得陈列出售,否则以违约论。
(2) 乙方销售的商品品质应合乎要求,内容应力求充实,售价应合理公道,并遵守国家有关法律,若因品质不佳或售价高于其他百货公司及其连锁商店,经检举或查证属实,乙方应无条件办理退货、换货或退还货款,甲方可对乙方处以该商品价格十倍的罚款,并可终止本合约。

(3) 乙方商品的品质、内容、数量或产品的设计开发无法达到甲方要求,或乙方因陈列及销售伪造、仿冒商品而造成甲方损失,乙方应负完全赔偿责任与其他一切法律责任,并且甲方可随时取消其设柜资格。

(4) 乙方在其他百货公司及其连锁店销售的商品,若有打折特价活动时,在甲方陈列的相同商品也应自动降价,否则以本条款第(2)款办法处罚之。

(5) 乙方应接受甲方核可的信用卡、礼券、提货券及甲方所发行的认同卡、贵宾卡等各类优待卡,折扣在10%以内由乙方负担,信用卡等有关手续费由双方共同负担,甲方在垫付后从乙方的货款中扣回。

(6) 乙方在甲方陈列销售的商品,应合乎一切政府法令的规定,如有违反法令的情形,其责任概由乙方自行负责,甲方如因此而遭受损失,也可请求乙方赔偿。

(7) 乙方每次销售商品货款一律送交甲方收银台点收并开具甲方发票,不得漏开或短缴,如经查获,第一次罚款销售金额的20倍,第二次罚款销售金额的50倍,第三次罚款销售金额的100倍,并通知乙方撤换派驻营业员。如属乙方负责人指使漏开发票,则无条件撤柜。

(8) 乙方不得私自收受外币或外币票据,否则以违约论,乙方自负相应的法律责任。

(9) 顾客要求退货或换货时,乙方应按甲方规定办理。

(10) 乙方出售的商品应使用有甲方标志的标价牌、手提袋及包装纸,未经甲方书面同意,不得使用其他包装材料,前项标价牌及包装材料由甲方统一设计制作。

第四条:结账付款

(1) 乙方应缴交营业执照及影印件各一份。

(2) 乙方结账时由甲方按商品价格抽成,为鼓励顾客消费以提升业绩,特实施多项促销措施,抽成比率随信用卡、贵宾卡、提货券的折扣分摊而不同。

(3) 乙方与甲方每月结账所开给甲方的进货统一发票,须为乙方本身公司合法的正式统一发票,否则不予收受,并停付该月货款。

(4) 乙方设于甲方的专柜每月营业额于次月 日前由双方结算对账一次,按营业额计算甲方的抽成收入,扣除后其余货款由甲方开具自结算日起 天期票之支票予乙方,于次月 日领取。

(5) 乙方应付的装潢补助费由双方议定,乙方应付甲方装潢补助费共计____元整,分摊方式依专柜厂商资料卡确定。

(6) 当月结账货款乙方最迟应于次月10日前开立与结账同月份的发票,若未依限送达,则延后一个月付款,由此产生的损失全数由乙方负担,并同意甲方直接从货款中扣除。

(7) 甲乙双方议定每期(六个月)营业目标如下:第一期(自____年__月__日起至____年__月__日止)营业总额为____元整。第二期(自____年__月__日起至____年__月__日止)营业总额为____元整。

(8) 乙方的营业情况每六个月应接受甲方评鉴一次,业绩未达甲方规定者,甲方可调整其专柜位置或单方面终止合约。

（9）乙方若为餐饮专柜，则按月付给甲方。
　　a. 商场清洁维护费＿＿＿元整。
　　b. 饭碗清洁维护费＿＿＿元整。
　　c. 收银机保养费或代购费＿＿＿元整。并每月依表给付甲方：①瓦斯费；②水费；③特殊用电费(如电磁炉等)；④其他。上列款项均按月从乙方货款中扣除。

第五条：履约保证金

新柜设立，不能立即进驻，需进行整修或装潢工程时，甲方可要求乙方付履约保证金，乙方应以现金或即期支票付＿＿元整，作为乙方依约在甲方设立专柜的保证。若乙方未依约设柜，此项保证金由甲方没收。若乙方依约设柜，该项保证金于正式营业的次月无息返还乙方。

第六条：促销

（1）甲方为促进销售举办的各项策划活动，乙方应尽量配合，不得以任何理由推诿拒绝，并分担费用以求共同发展。该费用的分担甲方应事先和乙方协商。

（2）乙方若自行促销，所发生的一切海报制作费等悉由乙方自行负担，乙方自行促销的海报、广告须经甲方审核同意后方可使用。

（3）乙方委托甲方代为制作特殊陈列柜及提供人形展示台等费用，悉由乙方负担。

（4）上述所发生的费用，甲方直接由货款中扣除。

（5）乙方不得有不当竞争行为，甲方如认为乙方的促销行为有妨害他人营业的可能，可予以制止，乙方如未即停止，以违约论。

第七条：商品管理

（1）乙方陈列于甲方专柜的商品由乙方自行负责管理，如需退换货概由乙方自行处理，但应经甲方商场主管之同意，并开具放行单由警卫人员查验后，以甲方规定之出入口进出，违者依甲方商场管理规则予以处分。

（2）乙方销售或陈列的商品不得有仿冒商标或侵害他人代理权、专利权、著作权等行为，并不得陈列销售政府规定的违禁品，如经查获，乙方应自负民事和刑事法律责任。若乙方有上述违法之事而致使甲方承受连带责任，甲方可就此请求乙方赔偿损失，并可视情节轻重予以罚款或终止本合约。

（3）乙方在甲方所设专柜销售的商品，如经顾客使用后产生不良反应而损害顾客利益，对顾客身体造成伤害或因而使甲方信誉受损时，乙方应负一切法律及赔偿责任。

第八条：人员管理

（1）乙方为推销商品，应派具备与该项商品有关的知识和技能的服务人员常驻乙方专柜区，其派驻人员应事先将姓名、简历、照片与身份证影印件等送交甲方保管，未经甲方同意，乙方不得随意更换服务人员。

（2）乙方派驻人员应穿着甲方统一规定的制服，佩戴识别证，并在甲方餐厅用餐，其各项费用概由乙方负担。

（3）乙方服务人员应遵守甲方统一管理的各项规定，如有违现行为，除愿接受甲方罚款处分(由当月货款中扣除)外，重大违规行为经甲方通知后，乙方应立即撤换该人员，若因此而影响甲方的信誉、权益，乙方应负全部连带及赔偿责任。

（4）乙方派驻人员应接受甲方举办的各种教育及训练活动。

第九条：商场管理

(1) 乙方不得在本公司的楼面商场、楼梯间、防火通道等场所做任何布置、广告、加装设备、堆积货物或放置危险物品。

(2) 乙方对专柜商品及装潢设备应自行办理有关保险事宜(火险、盗险)。

(3) 乙方对专柜内的贵重物品应自行妥善保管，同时不得储存危险物品。

(4) 乙方对专柜内的装潢、电气及煤气等设备，如需变更、整修维护、增设或移动时，应先以书面通知甲方，并附装潢平面图及施工配电图等，取得甲方同意后才可施工，其费用概由乙方负担。正式施工期间，乙方应派相关人员监工，以维护商场安全，并由甲方随时检查，完工时由甲方检查认可后方得营业。日后如因合约终止撤柜或中途自行撤柜，抑或违约经甲方通知撤柜时，乙方对其自费装置部分不得拆除或提出任何补偿请求，其所有权概属甲方所有。

(5) 乙方的电器、煤气设备如有故障或不良反应时，应立即通知甲方处理，并酌收工本费，乙方不得擅自增加电器、瓦斯设备，因此造成损害时，由乙方负责赔偿。

(6) 凡属经营餐饮、小吃而使用煤气或特殊用电者（如电磁炉等），其费用除依表自行负担外，不论增加、减少、迁移等工程悉应报请甲方由指定的承包商负责改良，费用概由乙方负担。

(7) 如因乙方受雇人员及其代理人等的故意、过失或疏忽行为，造成甲方或大楼其他设柜户的设备蒙受损失者，乙方应负完全的损害赔偿责任。

第十条：乙方如有下列事情发生，应即以书面告知甲方。

(1) 公司组织及主要业务变更。

(2) 资本结构发生重大变化。

(3) 公司的地址、电话变更。

(4) 派驻专柜的代表人或负责人变更，须得甲方同意。

第十一条：免责条款

乙方因下列情况遭受损害，不得要求甲方赔偿。

(1) 因不可归于甲方的原因发生灾害。

(2) 火灾、地震、风灾、水灾、战争或劳工纠纷所导致的损害。

(3) 乙方不遵守本合约或其他相关规定所发生的损害。

(4) 紧急停电或其他非甲方人员故意或过失所造成的机械故障引发的损害。

第十二条：违约处理

(1) 乙方如有违反本合约上述各条款规定者，甲方可终止合约，解除乙方设柜权利，乙方还应负责赔偿甲方一切损失。

(2) 合约期满未再续约或乙方违反本合约经甲方通知而终止合约时，乙方于接到终止合约通知后三天内负责将商品撤离现场，如故意拖延不履行，视为抛弃其所存留于专柜的货物，任由甲方处理。

(3) 乙方于合约终止日应即清偿各项费用，如仍不足者，甲方可行使留置权，并依法追诉。

第十三条：本合约期满时，乙方有优先设柜权，乙方如欲续约，应于期满前一个月，以书面形式通知甲方，经甲方同意后另订新约。如新约未能签订，乙方应于合约期满日立即迁出,并将柜位交还甲方,不得借故拖延。

第十四条:本合约壹式贰份,甲乙双方各执壹份为凭。

第十五条:本合约如有纠纷诉讼时,双方同意第一审管辖法院为合同履行的法院。

第十六条:本合约自双方签字之日起生效。

立合约书人:

甲方: 乙方:

代表人: 负责人:

地址: 电话:

电话: 身份证号码:

第八章

开拓市场与增加店面

作为厂家/供应商,如何选择、新增店面,开拓市场无疑是一项艰巨的任务。进场费用过多,管理不善向来都是厂家/供应商最头疼的问题。据2007年一项针对近百家供应商的调查显示,目前供应商对中外连锁企业的综合满意度偏低,二者关系不佳,其中家乐福被认为是"乱收费"现象最严重的连锁企业。

作为供应商,如何选择零售商,如何被零售商选择便成为了每个企业的大事。厂家/供应商只有熟悉国内外连锁业态的经营特点,了解卖场如何选择供应商,做到知己知彼,才能够据此进行灵活地选择与政策调整,提高开拓市场、增加店面的效率和质量,最终实现厂家的盈利。

一、国内外销售终端采购及经营模式

国内外销售终端的主要模式包括外资连锁卖场、国内连锁超市、国内大型连锁卖场。

(一)外资连锁卖场

1. 代表

外资连锁卖场的代表有沃尔玛、家乐福、卜蜂莲花。

2. 采购特点与经营方式

(1)采购特点

① 分品类专人管理。

② 必须能全国配运。

③ 有试销期。

④ 45天以上账期。

⑤ 资信度高。

⑥ 收取进店费以摊薄店租。

(2)经营方式

① 以低价吸引人流量,食品及纺品获利。

② 拥有固定的供应商。

③ 商品进店门槛高。

④ 依托厂家配送以减轻物流仓储成本。

⑤ 资金周转量大、速度快。

3. 进店提示

(1) 了解同类产品在终端的销售情况,找出他方兴趣点。

(2) 准备整套推广计划及厂家资料,约见相应负责人。

(3) 不与采购主管承诺别的条件。

(4) 正面接触采购高层,不表现出急于求成的心态。

(5) 不就事论事,多谈终端发展宏观面。

(6) 探底后抓住关键人物,重点跟踪。

(7) 谦和待人,谨慎处事。

(二) 国内连锁超市

1. 代表

国内连锁超市的代表有上海华联、物美超市、美廉美。

2. 采购特点及经营模式

(1) 采购特点

① 分品类专人管理。

② 必须能全国配送。

③ 有试销期。

④ 45天以上账期。

⑤ 资信度高。

⑥ 收取进店费以摊薄店租。

(2) 经营方式

① 以低价吸引人流量,食品及家庭用品获利。

② 拥有固定的供应商。

③ 商品进店门槛高。

④ 依托厂家配送以减轻物流仓储成本。

⑤ 资金周转量大、速度快。

3. 进店提示

(1) 了解同类产品在终端的销售情况。

(2) 准备整套推广计划及厂家资料,约见相应负责人。

(3) 不与采购主管承诺别的条件。

(4) 正面接触采购高层,不表现出急于求成心态。

(5) 不就事论事,多谈终端发展宏观面。

(6) 探底后抓住关键人物,重点跟踪。

(7) 谦和待人,谨慎处事。

(三)国内大型连锁卖场

1. 代表

国内大型连锁卖场的代表有京客隆、物美。

2. 采购特点及经营模式

(1) 采购特点

① 分品类专人管理。

② 直接与厂家合作。

③ 有试销期。

④ 45 天以上账期。

⑤ 资信度高。

⑥ 按区域收取进店费以摊薄店租。

(2) 经营方式

① 以低价吸引人流量,分区承包获利。

② 拥有固定的供应商。

③ 商品进店门槛高。

④ 依托厂家配送以减轻物流仓储成本。

⑤ 资金周转量大、速度快。

3. 进店提示

(1) 了解它的扩张发展区域。

(2) 选定目标陈列区域。

(3) 不与采购主管承诺别的条件。

(4) 正面接触采购高层,不表现出急于求成心态。

(5) 不就事论事,多谈终端发展宏观面。

(6) 探底后抓住关键人物,重点跟踪。

(7) 谦和待人,谨慎处事。

二、供应商选店原则

供应商选店原则见图 8-1。(《店面环境设计调查表》见附表 14)

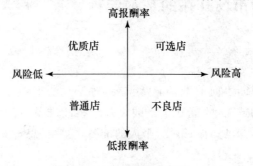

图 8-1 供应商选店原则

三、主要外资大卖场比较

主要外资大卖场比较见表8-1。

表8-1 主要外资大卖场比较

项目	家乐福	沃尔玛	麦德龙	大润发
企业背景	法国	美国	美国	台资
规模	欧洲第一	世界第一	欧洲第二	
各层定位	中高客层	中高客层	中高客层/专业客户	中低客层
门店分布	世界性	世界性	世界性	全国性
	中国219家	中国400家	中国有64家	中国有219家
价格政策	high-low组合	天天平价	以量制价	为你省钱
	采购负责进价和最初售价	采购负责进价和最高售价	价格总部控制	采购负责进价和最初售价
	门店可根据实际调整	门店可根据实际调整,但需知会采购谈判进价和补差价	团购可有折扣	门店可根据实际调整
促销政策	固定半月DM		固定DM/主题专刊	固定半月DM
采购策略	全国/大区采购	全国集中采购	全国集中采购	全国/地方采购
送货方式	门店	物流	物流	门店
定牌商品	棒系列最低价	注重非食品的定牌开发	注重开发百货类品牌	逐步开发定牌商品
	配套分类高毛利	注重高毛利	陈列到最好位置	
运营模式	营采分离	营采分离	营采分离	营采分离
	门店权力很大			

四、新客户、新市场开拓的基本流程

(一)第一步:事前准备

营销人员开发新市场,事前的准备非常重要,孙子兵法曰:知己知彼,百战不殆。准备充分了,谈判时才能有的放矢,才能立于不败之地。事前准备包括两个方面:第一,对自己公司和目标市场的了解,知己知彼;第二,个人的准备,主要是思想上和仪表上。

1. 知己知彼

(1) 知己——企业基本情况与销售政策

① 不断培训区域销售员。新进区域销售员在正式上岗之前,应该进行为期一周左右的岗前培训,安排有关企业的发展史、企业文化、技术、生产、财务、法律、销售等专业人士,对他们分别进行企业情况、产品技术与配方、生产工艺、财务政策、销售政策等基本知识培训,使他们尽快熟悉企业、企业产品与性能、价格及销售政策。新产品上市前,邀请技术等专业人士对他们进行产品知识培训。

② 区域销售员谦虚好学。区域销售员对企业产品、产品性能、产品使用方法、产品价格、销售政策等情况不明白,可以主动和周边同事、领导交流与请教,也可以向企业有关部门咨询。

(2) 知彼——经销商、竞争对手

我们所说的知彼是指了解市场、了解竞争对手,我们通过市场调查的方式得到,主要有以下几个重点。

① 风土人情。包括目标市场的人文环境、所处地理位置、人口数量、经济水平、消费习惯等。

② 市场状况。主要指市场容量及竞品状况,竞品状况包括竞品规格、价位、通路促销、新品的推广情况、终端生动化、竞品销售量(月度、年度)等。

③ 客户状况。通过直接或间接的方式,了解当地经销商的状况,包括竞品经销商及本品潜在经销商。对竞品经销商要了解市场动态、与厂家合作程度等;对本品潜在经销商要分析其是否具备作为公司代理商的标准,即良好的信誉、健全的网络、足够的仓储、雄厚的资金及先进的市场运作思路等。

通过以上市场调查,其目的是熟悉市场行情,掌握第一手的客户资料,确定潜在目标客户群。在寻找潜在客户的方式上,可采用追根溯源倒推的方法,即通过终端零售点及二级批发商了解目标客户的资金、信誉、网络等方面的情况。此方法由于来自一线,便于把握事实真相,找到合适的客户。

2. 谈判前的准备

古人云:凡事预则立,不预则废。新市场的开拓也是一样,事前的准备工作相当重要。

(1) 自我形象设计

人的形象分为外在形象和内在形象。外在形象就是指一个人的仪表、服饰、举止等外在表现。作为营销人员,要仪表端详:头发要梳理整齐,胡子要刮净,领带要打直,皮鞋要擦亮,指甲要常剪,总之要干净利索,显得有精神;如是女士,可适当化些淡妆。服饰穿着应得体大方,服饰不见得名贵,但一定要干净整洁。例如,要尽量穿职业装打领带或者领结,显得有职业感,穿着不宜过于暴露,以免给客户不稳重的感觉。作为一名营销人员,他的举止概括起来为坐如钟、站如松、行如风,处处显示生机与活力。

内在形象是一个人内在气质的外在表现。作为营销人员,应该遵循"礼在先、赞在前、喜在眉、笑在脸"的处世原则。礼在先,就是要有礼貌,表现的是一个人的文化内涵,能够让人很快就被接受;赞在前,体现了一个人的谈吐水平,它会让人深受客户"喜欢";喜在眉,笑在脸,则会让人如沐春风,左右逢源。幽雅的谈吐,翩翩的风度,将会让人的谈判如鱼得水,而给新客户留下美好的印象,并将会促成交易的成功。

(2) 相关资料的准备

有的开发新市场的营销人员,经销商问其相关系列产品的规格、价格、政策,营销员毫不了解。很难想象这样的营销人员能够成功开发新市场。

成功的营销人员在开发新市场以前,一定要弄清公司的发展历史、营销理念、产业结构、产品价格、营销政策等。并带齐所需的资料,如产品宣传册、个人名片、样品、营业执照及相关公司证书的复印件等,并要熟记在心。还有,营销人员在出发前,要调整自己的心态,放松心情,相信自己今天一定会有所收获。

另外,还有一点很重要,营销人员在开发市场之前一定要通过对市场的调研,对目标市场做一个系统的思考,要在和客户洽谈之前以书面的形式拟定一份《区域市场发展规划书》,这样对区域市场的运作就有了清晰的思路。这样与客户谈判时就会显得很专业,给客户留下正规和可信赖的良好印象。

(二) 第二步:谈判

市场调研结束了,事前准备做好了,就可以根据已经确定的潜在目标客户,依据代理商所需具备的条件及其优劣势,列出一个目标客户清单,并进行详细分析、比较,在进行新一轮的筛选后,就可以电话预约,并登门拜访了。

1. 电话预约

在登门拜访以前,一定要进行电话预约。因为电话预约,一方面,表示对对方的尊重;另一方面,通过初步的电话沟通、了解,使其对公司、产品、政策等有一个大致的印象,便于下一步确定谈判的侧重点,也好更清晰地判断其对产品的兴趣,以及经销该产品的可能性有多大,以便于自己有效安排时间。

2. 上门洽谈

在决定拜访哪几家客户后,就可以规划线路图。路线的安排很有讲究,一般不宜把对门或相邻的两个客户安排在连续的时间拜访,以免彼此显得尴尬。在上门谈判时,要善于察言观色,除了适时呈上自己的名片、资料、样品,以及遵循"礼在先、赞在前、喜在眉、笑在脸"的原则以渲染、制造气氛外,还要注意"三不谈",即客户情绪不好时不要谈;客户下级分销商在场时不要谈;竞品厂家业务员在场时不要谈。

3. 洽谈内容

营销人员进入经销商的店内,首先不要和经销商谈生意上的事情。因为往往与经销商第一次接触就谈生意的,不是被经销商拒绝,就是因找不到双方感兴趣的话题而尴尬,最终自己的产品还是无法进入经销商的店内。因此,区域销售员开发经销商的第一件事情是与经销商交朋友。如何才能与经销商交上朋友呢?有以下几点。

首先,第一印象很重要。区域销售员进入经销商店内之前,整理一下自己的仪容、穿着,深呼吸,放松自己。然后很自信地走进经销商店内,并很自然地向经销商做自我介绍,"您好,我是××公司的业务员×××,久仰×老板的大名,今天专程来向×老板请教。这是我的名片,希望能成为您真诚的朋友。"

其次,从生活和爱好谈起。仔细观察经销商店内陈设,从中找到蛛丝马迹。例如,桌上有报纸,区域销售员可以说:"今天的天气真好,×老板喜欢看报吗?""我也喜欢,×老板一般关心哪方面的信息?……""我也是……"。总之,区域销售员一定要找到与客户的共同爱好,并就这一话题,展开讨论,注意与客户保持共识。如果一时间没有能够发现蛛丝马迹,也可谈些轻松及对方都感兴趣的"题外话",如国家宏观经济政策及走势、行业发展态势、未来市场走向等,旨在创造与客户谈话的良好氛围,但不能花费太多的时间,不能海阔天空、偏离主题、漫无边际地谈话。在切入正题后,一般要从公司的发展谈起,要与客户具体谈公司的产品及其特点、产品的价格政策及在市场上的优势。

最后,重点谈判产品进入及其市场操作模式,从产品的选择到产品的定价,从促销的设定到渠道的拉动、品牌的规划,谈得越详细客户将越感兴趣。营销人员最好还能把未来的市场蓝图充分向客户展示,要学会和客户算账,两家合作能给客户带来多少的利润,让客户充满憧憬和希望,从而下定决心经销该产品。每个客户的性格各异、层次不同、需求也不尽相同,但商家最终关注的都是利润,只要能赚钱,就有永恒的共同话题。

4. 注意事项

在洽谈过程中,要注意聆听的艺术,要学会多听少说,一方面,表示对对方的尊重;另一方面,也有利于了解和回答对方的问题,并发现对方对市场操盘有无运作思路。多听,可以让客户感觉营销人员很尊敬自己,可以使客户畅所欲言,使营销人员最大限度地了解客户的基本情况。多听,营销人员可以有足够的时间判断和思考客户的讲话是否真实,如何继续引导话题。营销人员如何倾听呢?集中精力,以开放式的姿势、积极投入的方式倾听;听清全部内容,整理出关键点,听出对方感情色彩,以适宜的身体语言回应。

同时,对不同类型的客户还要采取不同的交流方式。对老年人,要像对待父母一样表示尊重,说话语速要放慢,洽谈要像拉家常、谈心一样,处处表现出稳重和尊敬;对于中年人,要极尽赞美之言,通过洽谈,让其感到成就感,要传递这样的信息:"公司产品交给他做一定能操作成功";对于青年人,要放开谈论自己的操作思路、运作模式、营销理念,让其心驰神往、心服口服,进入营销人员的思维模式,为以后的合作、掌控做好铺垫。

(三)第三步:跟进、签约

通过洽谈,对于符合公司要求的目标客户,营销人员要及时打电话进行沟通和跟进。跟进要遵循欲擒故纵的方式,而千万不能急于求成,不分时间、地点地催促客户签合同、提货,否则会弄巧成拙,贻误战机,让客户感觉营销人员是在急于寻找客户,从而给营销人员提出一些过分的条件,为双方以后的合作埋下阴影。

在跟进的过程中,客户一般会提出一些异议,作为一线的营销人员首先需要分析客户异议的真假,然后针对性地予以解决。客户异议一般有两种情况:真异议,事实确实如此,客户没有办法接受,只是客户的一种借口,或者是一种拒绝的形式;另一种是假异议,是客户为了争取政策的手段。判断客户异议的真假,主要在于对市场、对客户了解与熟悉的程度。其次,分析客户为什么会有这样的异议?难道是自己的工作还没有做到位,还是客户想获得更多的优惠政策,还是客户打心眼里就不会与自己合作。营销人员针对客户异议,应及时调整策略或者策略性答复客户的异议。处理异议是一门学问,由于篇幅原因本书不再讨论。总之,要通过沟通及政策调整等各种手段消除客户各种各样的异议。

只要消除了客户的异议,目标客户就基本上确定下来了;然后,通过邀请其到公司参观考察等方式,进一步扫除客户心里的疑团和障碍;最后,趁热打铁,签订经销协议。一个新客户就这样诞生了。

五、厂家销售代表的招聘流程与培训标准流程

(一)销售代表招聘流程

销售代表招聘流程见图8-2。

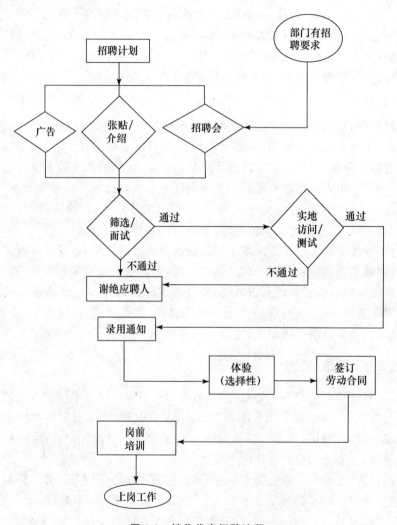

图8-2 销售代表招聘流程

(二)培训标准流程

1. 培训计划

培训计划见表8-2。

表 8-2 培训计划

步　骤	具　体　内　容
销售代表培训计划	制订所有销售代表的总体培训计划,以便合理安排时间,确保培训进度及效果
销售代表表现评估	使用销售代表表现评价表,回顾销售代表过往工作实绩及工作技巧表现
制定实地培训目标	① 发现并确定销售代表工作实绩中主要不足之处 ② 发现并确定销售代表工作技能中主要不足之处 ③ 回顾销售代表上一次培训表现 ④ 确定 1 或 2 个需培训的具体工作技能 ⑤ 确定培训时间、地点及生意目标,并至少提前一天通知销售代表

2. 实地培训

实地培训见表 8-3。

表 8-3 实地培训

步　骤	具　体　内　容
与销售代表就培训目标和生意目标达成一致	① 跟踪上一次培训的发展 ② 指出目前销售代表需改进的地方 ③ 就此次培训所需达到的结果达成一致
运用培训循环进行实地培训	① 解释:一步一步解释执行步骤;提问确保销售代表理解 ② 示范:应与所解释内容完全一致,示范完整过程;确保销售代表的注意力 ③ 尝试:密切跟踪销售代表执行的每一步;让销售代表尝试完整过程 ④ 评估:回顾销售代表执行情况(目标、结果、长处、机会);明确下一步改进方案,并激发销售代表的培训热情

3. 培训总结及回顾

培训总结及回顾见表 8-4。

表 8-4 培训总结及回顾

步　骤	具　体　内　容
完成培训报告	① 总结生意目标和培训目标的完成情况 ② 分析取得的成绩和存在的机会 ③ 总结主要心得体会 ④ 确定下一步行动方案
业绩回顾	① 让销售代表回顾当天及当前的生意状况,并总结当天的培训体会 ② 与销售代表就其长处、机会及下一步发展方向达成一致 ③ 更新销售代表业绩表现评估表(附表)

以上培训标准流程用于销售组长/主管对销售代表的培训。

(三) 培训内容

培训内容包括:① 入门培训;② 入职培训;③ 基本实地培训;④ 每日访问前的准备;⑤ 商店检查;⑥ 销售介绍;⑦ 交货收款;⑧ 助销陈列;⑨ 记录报告;⑩ 访问结束;⑪ 制订每月覆盖计划;⑫ 跟进培训;⑬ 有效补货;⑭ 卖进分销;⑮ 卖进助销;⑯ 卖进促销。

附 录

《零售商与供应商公平交易管理办法》

第一条 为规范零售商与供应商的交易行为,维护公平交易秩序,保障消费者的合法权益,制定本办法。

第二条 零售商与供应商在中华人民共和国境内从事的相关交易活动适用本办法。

第三条 本办法所称零售商是指依法在工商行政管理部门办理登记,直接向消费者销售商品,年销售额(从事连锁经营的企业,其销售额包括连锁店铺的销售额)1 000万元以上的企业及其分支机构。

本办法所称供应商是指直接向零售商提供商品及相应服务的企业及其分支机构、个体工商户,包括制造商、经销商和其他中介商。

第四条 零售商与供应商的交易活动应当遵循合法、自愿、公平、诚实信用的原则,不得妨碍公平竞争的市场交易秩序,不得侵害交易对方的合法权益。

第五条 鼓励零售商与供应商在交易中采用商务主管部门和工商行政管理部门推荐的合同示范文本。

第六条 零售商不得滥用优势地位从事下列不公平交易行为。

(一)与供应商签订特定商品的供货合同,双方就商品的特定规格、型号、款式等达成一致后,又拒绝接收该商品。但具有可归责于供应商的事由;或经供应商同意,零售商负责承担由此产生的损失的除外。

(二)要求供应商承担事先未约定的商品损耗责任。

(三)事先未约定或者不符合事先约定的商品下架或撤柜的条件,零售商无正当理由将供应商所供货物下架或撤柜的;但是零售商根据法律法规或行政机关依法做出的行政决定将供应商所供货物下架、撤柜的除外。

(四)强迫供应商无条件销售返利,或者约定以一定销售额为销售返利前提,未完成约定销售额却向供应商收取返利的。

(五)强迫供应商购买指定的商品或接受指定的服务。

第七条 零售商不得从事下列妨碍公平竞争的行为。

(一)对供应商直接向消费者、其他经营者销售商品的价格予以限制。

(二)对供应商向其他零售商供货或提供销售服务予以限制。

第八条 零售商不得要求供应商派遣人员到零售商经营场所提供服务,下列情形除外。

（一）经供应商同意，并且供应商派遣人员仅从事与该供应商所供商品有关的销售服务工作。

（二）与供应商协商一致，就供应商派遣人员的工作内容、劳动时间、工作期限等条件达成一致，且派遣人员所需费用由零售商承担。

第九条 存在下列情形的，供应商有权拒绝退货。

（一）零售商因自身原因造成商品污染、毁损、变质或过期要求退货，但不承担由此给供应商造成的损失。

（二）零售商以调整库存、经营场所改造、更换货架等事由要求退货，且不承担由此给供应商造成的损失。

（三）零售商在商品促销期间低价进货，促销期过后将所剩商品以正常价退货。

第十条 零售商向供应商收取促销服务费的，应当事先征得供应商的同意，订立合同，明确约定提供服务的项目、内容、期限，收费的项目、标准、数额、用途、方式及违约责任等内容。

本办法所称促销服务费是指依照合同约定，为促进供应商特定品牌或特定品种商品的销售，零售商以提供印制海报、开展促销活动、广告宣传等相应服务为条件，向供应商收取的费用。

第十一条 零售商收取促销服务费后，应当按照合同约定向供应商提供相应的服务，不得擅自中止服务或降低服务标准。零售商未完全提供相应服务的，应当向供应商返还未提供服务部分的费用。

第十二条 零售商应当将所收取的促销服务费登记入账，向供应商开具发票，按规定纳税。

第十三条 零售商不得收取或变相收取以下费用。

（一）以签订或续签合同为由收取的费用。

（二）要求已经按照国家有关规定取得商品条码，并可在零售商经营场所内正常使用的供应商，购买店内码而收取的费用。

（三）向使用店内码的供应商收取超过实际成本的条码费。

（四）店铺改造、装修时，向供应商收取的未专门用于该供应商特定商品销售区域的装修、装饰费。

（五）未提供促销服务，以节庆、店庆、新店开业、重新开业、企业上市、合并等为由收取的费用。

（六）其他与销售商品没有直接关系、应当由零售商自身承担或未提供服务而收取的费用。

第十四条 零售商与供应商应按商品的属性在合同中明确约定货款支付的期限，但约定的支付期限最长不超过收货后60天。

第十五条 除合同另有约定或供应商没有提供必要单据外，零售商应当及时与供应商对账。

第十六条 零售商以代销方式销售商品的，供应商有权查询零售商尚未付款商品的销售情况，零售商应当提供便利条件，不得拒绝。

第十七条 零售商不得以下列情形为由延迟支付供应商货款。

（一）供应商的个别商品未能及时供货。

（二）供应商的个别商品的退换货手续尚未办结。

（三）供应商所供商品的销售额未达到零售商设定的数额。

（四）供应商未与零售商续签供货合同。

（五）零售商提出的其他违反公平原则的事由。

第十八条 供应商供货时，不得从事下列妨碍公平竞争的行为。

（一）强行搭售零售商未订购的商品。

（二）限制零售商销售其他供应商的商品。

第十九条 鼓励行业协会建立商业信用档案，准确、及时、全面地记载和反映零售商、供应商的信用状况，引导零售商、供应商加强自律，合法经营。

第二十条 鼓励行业协会建立零售商货款结算风险预警机制，对零售商拖欠供应商货款数额较大、期限较长的，应当将有关情况通报商务主管部门，并提示相关的供应商。

第二十一条 各地商务、价格、税务、工商等部门依照法律法规及本办法，在各自的职责范围内对本办法规定的行为进行监督管理。对涉嫌犯罪的，由公安机关依法予以查处。

县级以上商务主管部门应会同同级有关部门对零售商、供应商的公平交易行为实行动态监测，进行风险预警，及时采取防范措施。

第二十二条 对违反本办法规定的行为任何单位和个人均可向上述部门举报，相关部门接到举报后，应当依法予以查处。

第二十三条 零售商或者供应商违反本办法规定的，法律法规有规定的，从其规定；没有规定的，责令改正；有违法所得的，可处违法所得3倍以下罚款，但最高不超过3万元；没有违法所得的，可处一万元以下罚款；并可向社会公告。

第二十四条 县级以上商务、价格、税务、工商等部门发现零售商涉嫌骗取供应商货款的，应当将其涉嫌犯罪的线索及时移送当地公安机关。公安机关应及时开展调查工作，涉嫌犯罪的，依法立案侦查。

第二十五条 各省、自治区、直辖市可结合本地实际，制定规范零售商、供应商公平交易行为的有关规定。

第二十六条 本办法自2006年11月15日起施行。

《零售商促销行为管理办法》

第一条 为了规范零售商的促销行为,保障消费者的合法权益,维护公平竞争秩序和社会公共利益,促进零售行业健康有序发展,根据有关法律法规,制定本办法。

第二条 零售商在中华人民共和国境内开展的促销活动适用本办法。

第三条 本办法所称零售商是指依法在工商行政管理部门登记注册,直接向消费者销售商品的企业及其分支机构、个体工商户。

本办法所称促销是指零售商为吸引消费者、扩大销售而开展的营销活动。

第四条 零售商开展促销活动应当遵循合法、公平、诚实信用的原则,遵守商业道德,不得开展违反社会公德的促销活动,不得扰乱市场竞争秩序和社会公共秩序,不得侵害消费者和其他经营者的合法权益。

第五条 零售商开展促销活动应当具备相应的安全设备和管理措施,确保消防安全通道的畅通。对开业、节庆、店庆等规模较大的促销活动,零售商应当制定安全应急预案,保证良好的购物秩序,防止因促销活动造成交通拥堵、秩序混乱、疾病传播、人身伤害和财产损失。

第六条 零售商促销活动的广告和其他宣传,其内容应当真实、合法、清晰、易懂,不得使用含糊、易引起误解的语言、文字、图片或影像。不得以保留最终解释权为由,损害消费者的合法权益。

第七条 零售商开展促销活动,应当在经营场所的显著位置明示促销内容,促销内容应当包括促销原因、促销方式、促销规则、促销期限、促销商品的范围及相关限制性条件等。

对不参加促销活动的柜台或商品,应当明示,并不得宣称全场促销;明示例外商品、含有限制性条件、附加条件的促销规则时,其文字、图片应当醒目明确。

零售商开展促销活动后在明示期限内不得变更促销内容,因不可抗力而导致的变更除外。

第八条 零售商开展促销活动,其促销商品(包括有奖销售的奖品、赠品)应当依法纳税。

第九条 零售商开展促销活动应当建立健全内部价格管理档案,如实、准确、完整地记录促销活动前、促销活动中的价格资料,妥善保存并依法接受监督、检查。

第十条 零售商开展促销活动应当明码标价,价签价目齐全、标价内容真实明确、字迹清晰、货签对位、标志醒目。不得在标价之外加价出售商品,不得收取任何未予明示的费用。

第十一条　零售商开展促销活动,不得利用虚构原价打折或者使人误解的标价形式或价格手段欺骗、诱导消费者购买商品。

第十二条　零售商开展促销活动,不得降低促销商品(包括有奖销售的奖品、赠品)的质量和售后服务水平,不得将质量不合格的物品作为奖品、赠品。

第十三条　零售商开展有奖销售活动,应当展示奖品、赠品,不得以虚构的奖品、赠品价值额或含糊的语言文字误导消费者。

第十四条　零售商开展限时促销活动的,应当保证商品在促销时段内的充足供应。

零售商开展限量促销活动的,应当明示促销商品的具体数量。连锁企业所属多家店铺同时开展限量促销活动的,应当明示各店铺促销商品的具体数量。限量促销的,促销商品售完后应即时明示。

第十五条　零售商开展积分优惠卡促销活动的,应当事先明示获得积分的方式、积分有效时间、可以获得的购物优惠等相关内容。

消费者办理积分优惠卡后,零售商不得变更已明示的前款事项;增加消费者权益的变更除外。

第十六条　零售商不得虚构清仓、拆迁、停业、歇业、转行等事由开展促销活动。

第十七条　消费者要求提供促销商品发票或购物凭证的,零售商应当即时开具,并不得要求消费者负担额外的费用。

第十八条　零售商不得以促销为由拒绝退换货或者为消费者退换货设置障碍。

第十九条　鼓励行业协会建立商业零售企业信用档案,加强自律,引导零售商开展合法、公平、诚实信用的促销活动。

第二十条　单店营业面积在3 000平方米以上的零售商,以新店开业、节庆、店庆等名义开展促销活动,应当在促销活动结束后十五日内,将其明示的促销内容,向经营场所所在地的县级以上(含县级)商务主管部门备案。

第二十一条　各地商务、价格、税务、工商等部门依照法律法规及有关规定,在各自职责范围内对促销行为进行监督管理。对涉嫌犯罪的,由公安机关依法予以查处。

第二十二条　对违反本办法规定的行为,任何单位和个人均可向上述单位举报,相关单位接到举报后,应当依法予以查处。

第二十三条　零售商违反本办法规定,法律法规有规定的,从其规定;没有规定的,责令改正,有违法所得的,可处违法所得三倍以下罚款,但最高不超过三万元;没有违法所得的,可处一万元以下罚款;并可予以公告。

第二十四条　各省、自治区、直辖市可结合本地实际,制定规范促销行为的有关规定。

第二十五条　本办法由商务部、国家发展和改革委员会、公安部、国家税务总局、国家工商行政管理总局负责解释。

第二十六条　本办法自2006年10月15日起施行。

零售管理试题

任务一　从销售经理处领取任务

不定项选择题

1. 下列对零售的含义理解不当的是（　　）。
   A. 零售商将汽车轮胎出售给顾客,顾客将之安装于自己的车上,这种交易活动便是零售
   B. 零售活动不仅向最终消费者出售商品,同时也提供相关服务
   C. 零售活动不一定非在零售店铺中进行
   D. 零售的顾客仅限于个别的消费者
2. （　　）代表着零售业的第一次变革。
   A. 超级市场的诞生　　　　　　　　B. 百货商店的诞生
   C. 连锁经营的诞生　　　　　　　　D. 信息技术的应用
3. 中国零售商面临的挑战是（　　）。
   A. 面临零售业自身变革带来的挑战
   B. 面临技术进步带来的挑战
   C. 面临消费者需求变化带来的挑战
   D. 面临竞争与合作的挑战
4. 下列属于零售业态的是（　　）。
   A. 便利店　　　　B. 折扣店　　　　C. 超市　　　　D. 网上商店
5. 超级市场产生于（　　）年的美国纽约,被称为零售业的第三次革命。
   A. 1930　　　　　B. 1940　　　　　C. 1935　　　　　D. 1945
6. 销售终端是指（　　）的最末端,是产品到达消费者完成交易的最终端口,是商品与消费者面对面的展示和交易的场所。
   A. 产品促销渠道　　　　　　　　　B. 产品销售渠道
   C. 产品批发渠道　　　　　　　　　D. 产品零售渠道
7. 下列对销售代表职业操守描述不当的是（　　）。
   A. 不得有意或无意发表有损公司、产品或雇员形象的言论
   B. 可间接向第三者透露顾客或经销商的资料

C. 可间接透露公司雇员资料,如:薪金、佣金等
D. 不得直接或间接透露公司业务、策略、销售金额或有关公司的业务秘密

8. 制订客户访问计划的原则是(　　　　)。
   A. 有利于让更多的产品在商店内出售
   B. 有利于让公司的产品在商店中以最好的形象展示给顾客
   C. 有利于让商店中的产品有最高限度的宣传
   D. 有利于让商店采用我们建议的价格出售产品

9. 客户资料卡中客户特征都包括以下哪些内容?(　　　　)
   A. 发展潜力　　　B. 经营方向　　　C. 经营政策　　　D. 企业组织形式

10. 客户资料卡应包含的内容有(　　　　)。
    A. 基础资料　　　B. 客户特征　　　C. 业务状况　　　D. 交易现状

任务二　与卖场采购主管、营运主管的沟通

一、不定项选择题

1. 货架中,在(　　　　)的商品,顾客的关注度为80%。
   A. 货架顶层　　　B. 货架中上层　　　C. 货架中部　　　D. 货架下部

2. 良好的陈列架的空间管理对零售店和业务员的好处包括(　　　　)。
   A. 它吸引消费者的注意力
   B. 让消费者更容易选购
   C. 可减低缺货的情形
   D. 让业务人员方便作订货建议,并方便商店人员下订单

3. 下列对建议订货量计算公式表述正确的是(　　　　)。
   A. 建议订货量=(上次订货+上次库存-现有库存)×1.5-现有库存
   B. 建议订货量=(上次订货+上次库存-现有库存)×1.5+现有库存
   C. 建议订货量=(上次订货-上次库存-现有库存)×1.5-现有库存
   D. 建议订货量=(上次订货-上次库存+现有库存)×1.5+现有库存

4. 下列属于卖场营运主管的工作是(　　　　)。
   A. 商品的管理　　　　　　　　B. 顾客服务管理
   C. 资产管理　　　　　　　　　D. 产品销售业绩及销售达成率分析

5. 与超市营运主管的沟通技巧包括(　　　　)。
   A. 领导出面沟通　　　　　　　B. 到企业采风、参观
   C. 与运营主管成为朋友　　　　D. 充当顾问

6. 库存盘点包括以下哪些盘点类型?(　　　　)
   A. 定期盘点　　　B. 持续盘点　　　C. 循环盘点　　　D. 抽样盘点

7. 分拣配货作业的重点不包括(　　　　)。
   A. 准确　　　　　B. 精确　　　　　C. 快速　　　　　D. 低费

8. 下列属于卖场采购主管主要职能的是(　　　　)。
   A. 新供应商的筛选与引进

B. 促销计划的实施
C. 确定能配合本公司运作的有实力的供应商
D. 向供应商争取最有利的交易条件

9. 对于快人快语型的超市采购主管,下列业务员的沟通方法中不恰当的是(　　　)。
A. 将问题简单化,同时表述简练
B. 必须很详细的给他分析事物,并举出各种合乎逻辑的实例
C. 不可稍微有不耐烦的表现
D. 利用停顿

10. 处理反对意见的流程是(　　　)。
① 将异议转化为能够解决的问题　　② 解决反对意见
③ 收集反对意见并确定　　　　　　④ 提炼/验证反对意见
A. ③④②①　　B. ④③②①　　C. ④③①②　　D. ③④①②

二、判断题

1. 抽样盘点是指在资产负债日,系统按统计计算随机地选取一部分的库存进行盘点的方法。(　　)
2. 出库单的目的是为了更新仓库的账面数,发货单是仓库用来发货的凭据。(　　)
3. 持续盘点是指在整个财政年度里,对存货进行持续不断地盘点。对于这种盘点,每一类库存必须保证一年中至少被盘到一次。(　　)
4. 采购主管的工作职责中不包括对业绩及毛利的达成状况分析。(　　)
5. 盘点后,库房(各子仓库)中的所有商品不一定要封存,但仓库要上锁,开放式的仓库用绳子封住,明确这是已经盘点的商品。(　　)

任务三　配合卖场制订促销方案

一、不定项选择题

1. (　　　)是指厂家为了扩大产品的名声、扩大或巩固产品的市场占有率,在零售店张贴广告或悬挂广告横幅,以刺激消费者购买产品的营销活动。
A. 终端促销　　B. 节假日促销　　C. 厂家促销　　D. 批发商促销

2. 从沟通方式来划分,促销活动可以分为(　　　)。
A. 单向沟通式促销　　　　　　　B. 双向沟通式促销
C. 多向沟通式促销　　　　　　　D. 主角沟通式促销

3. 在超市的促销活动中,厂家的准备要点包括(　　　)。
A. 准备工作责任到人,规定完成时间、检核人,促销前确认各项工作到位。
B. 活动前应制作相关人员通讯簿,保证通讯畅通,同时了解促销过程中店方的联系人(如柜组长)及其联系方法,以及当出现严重问题时店方的负责人(如店长、经理)及其联系方式。
C. 陈列、上货、广宣品布置等工作尽量在前一天晚上做好,尽量避免活动当天才去做,更不要在店方生意高峰期做生动化,以免引起现场混乱,造成店方不便。

D. 如果活动的策划和执行非同一个团队进行,则活动前策划人要对执行人以口头、书面、图标、现场演示等方式充分说明方案内容,同时策划方应派人全程跟进执行过程并予以辅导。

4. 促销时,赠品选择的原则是(　　　　)。
A. 尽可能是款式老且实用的商品
B. 高价位,高形象
C. 最好有宣传意义
D. 与目标消费群的心理特点及品牌定位相符

5. 下列属于厂家促销方案策划书的基本内容的是(　　　　)。
A. 活动纪律和现场控制　　　　　　　　B. 费用预算
C. 意外防范　　　　　　　　　　　　　　D. 效果预估

二、判断题

1. 广义的促销指的是为了增加销量而采取的一系列措施。　　　　　　(　　)
2. 终端促销的形式主要有折价券、兑奖、样品派送、捆绑销售、增量包装等方式。
(　　)
3. 狭义的促销指的是一切有利于销售的手段,包括广告、公共关系、人员推销、营业推广以及狭义的促销。(　　)
4. 特价促销,又叫打折销售,是连锁超级市场使用最频繁的促销工具之一,也是影响消费者购买最重要的因素之一。(　　)
5. 促销活动中,POP海报的设计应注意尽可能减少文字,使消费者在三秒之内能看完全文,清楚知道促销内容;如果时间紧迫,促销价与原价则不必同时标出。(　　)

任务四　卖场促销督促与人员管理

不定项选择题

1. 对促销员的日常基本要求有(　　　　)。
A. 促销员是否按规定着装
B. 活动设备是否按要求摆放
C. 促销员是否确保个人零售任务的完成,包括在零售终端商品的占有率、销量目标、促销活动目标等
D. 促销员在促销过程中是否积极主动地接触消费者,做到坚持不懈、锲而不舍

2. 促销员的招聘途径有(　　　　)。
A. 广告招聘:这是一种最常用的形式,在报纸上刊登招聘广告,或者直接把招聘海报张贴在学校(主要指招兼职促销员)
B. 通过职业介绍所中介提供招聘信息
C. 经销商员工推荐
D. 促销员介绍其同学、朋友加入

3. 支付促销人员的劳动报酬制度通常有(　　　　)。
A. 直接薪金制　　　　　　　　　　　　B. 间接薪金制

C. 薪金加奖励制度　　　　　　　　D. 固定薪资加固定奖金制度
4. 临时促销员的工作职责是（　　　）。
A. 在促销现场直接向消费者介绍、推销产品
B. 在促销现场派发传单
C. 在促销现场协助布置促销卖场
D. 在促销活动中，收集产品销售数据
5. 对促销员的精神奖励包括（　　　）。
A. 职位提升　　　　　　　　　　　B. 节假日赠送促销员钱包
C. 给促销员开生日会　　　　　　　D. 名誉褒奖

任务五　店面销售额情况分析与汇总

一、不定项选择题

1. 以下对"净营业额"的计算方法表述正确的是（　　　）。
A. 净营业额＝营业额－本月仓库商品成本
B. 净营业额＝净收入－净成本
C. 净营业额＝营业额－顾客退货额
D. 净营业额＝营业额＋其他收入
2. 以下对"成本"的计算方法描述正确的是（　　　）。
A. 成本＝净进价＋运输费
B. 成本＝净进价－折扣
C. 成本＝净进价－折扣－运输费
D. 成本＝净进价－折扣＋运输费
3. 销售目标包括（　　　）。
A. 销售额目标
B. 毛利目标
C. 货款完全回收目标
D. 增加销售网点目标
4. 常用的销售额分析方法有（　　　）。
A. 销售额差异分析法
B. 销售成本差异分析法
C. 销售差异分析法
D. 特定产品或地区销售差异分析
5. 下列不属于销售额分析的内容是（　　　）。
A. 市场占有率分析　　　　　　　　B. 总销售成本分析
C. 总销售额分析　　　　　　　　　D. 产品销售额分析

二、判断题

1. 销售量：简称"销量"，即销售的数量，真正意义的"销售量"不应扣除"顾客退货"

的数量。   （   ）
2. 商品售价通常指"商品含税售价",但电脑系统实际是以"商品未税售价"来计算毛利的。   （   ）
3. 营业额也称为"业绩",指所有单品的销售量乘以当时售价的总和。（   ）
4. 已进货商品价指最后一批商品的到货价。   （   ）
5. 总销售额分析包括企业近几年的销售趋势、企业在整个行业的市场占有率的变动趋势和地区销售成本分析。   （   ）

任务六 对竞争对手、同类产品的调查

一、不定项选择题

1. 市场调查的成长初期为（   ）。
   A. 1900—1910 年   B. 1900—1920 年
   C. 1920—1930 年   D. 1920—1935 年
2. 竞争对手调查的特点是（   ）。
   A. 明确的针对性   B. 强烈的对抗性   C. 可信的科学性   D. 有效的实用性
3. 对竞争对手产品销售渠道的调查不包括（   ）。
   A. 渠道模式   B. 主要渠道成员描述
   C. 主要客户群   D. 渠道价格体系
4. 竞争对手调研采取的研究方法主要有（   ）。
   A. 产品分销渠道分析   B. 竞争力指标体系的建立和评价
   C. Z 竞争产品与竞争对手选择分析 D. 市场（及用户）统计调查分析
5. "看了某产品的电视广告后,您感觉广告设计如何?"
   ① 很不满意（ ） ②不满意（ ） ③一般（ ） ④满意（ ） ⑤很满意（ ）
   这种问卷题目类型为（   ）。
   A. 倾向程度题   B. 数值尺度题   C. 比较题   D. 问答题
6. 下列哪个选项不是理性应对霸王合同的表现?（   ）
   A. 急于表达自己   B. 先入为主   C. 以柔克刚   D. 曲线救国

二、判断题

1. 市场调查就是指运用科学的方法,有目的地、有系统地搜集、记录、整理有关市场营销信息和资料,分析市场情况,了解市场的现状及其发展趋势,为市场预测和营销决策提供客观的、正确的资料。   （   ）
2. 同类产品指的必须是国内产业生产的与调查中所考虑的产品各方面完全相同的产品。   （   ）
3. 竞争对手调查的关键是搜集到准确的竞争情报,是关于竞争环境、竞争对手和竞争策略的调查研究。   （   ）
4. 竞争对手信息包括三要素,即:本企业和竞争对手、竞争环境及竞争策略。（   ）
5. "您最喜欢那几种牌子的牙膏?（请按喜欢次序填列）(1)(2)(3)(4)"这种问卷题

型的设计采用的是等级尺度法。 ( )

任务七 业务谈判与合同签订

不定项选择题

1. 采购业务洽谈中,供应商文件应包括( )。
   A. 供应商名单(公司名称、地址、开户银行账号、电话等)
   B. 供货条件(品质、包装、交货期、价格及折扣等)
   C. 订货条件(订购量、配送频率、送货时间等)
   D. 付款条件(进货审核、付款、退货抵款等)
2. 商品的包装可以分为以下哪几种?( )
   A. 内包装   B. 外包装   C. 软包装   D. 硬包装
3. 采购业务洽谈时,折扣通常有( )。
   A. 新产品引进折扣   B. 补货折扣
   C. 季节性折扣   D. 无退货折扣
4. 一般北京地区供应商的付款条件是( )天,买方到付款时可获3%~6%的折扣。
   A. 30~60   B. 60~90   C. 15~30   D. 60~120
5. 采购业务谈判的三项制约文件是( )。
   A. 商品采购计划   B. 商品促销计划   C. 供应商文件   D. 商品销售渠道文件

任务八 开拓市场与增加店面

不定项选择题

1. 下列属于外资连锁卖场的是( )。
   A. 沃尔玛   B. 家乐福   C. 易初莲花   D. 麦德龙
2. 下列图示中的采购特点与经营方式,对应的卖场是( )。

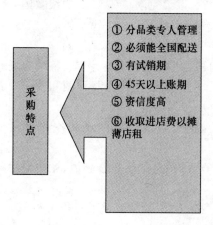
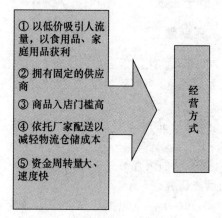

A. 上海华联　　　B. 京客隆　　　C. 物美　　　D. 沃尔玛

3. 供应商选店进场时,优质店意味着(　　　)。
   A. 高报酬,高风险　　　　　　　　B. 高报酬,低风险
   C. 低报酬,高风险　　　　　　　　D. 低报酬,低风险

4. 下列卖场中,消费者为中高层客户群的有(　　　)。
   A. 家乐福　　　B. 大润发　　　C. 麦德龙　　　D. 沃尔玛

5. 下列卖场中,以价格政策为"天天平价"的是(　　　)。
   A. 家乐福　　　B. 大润发　　　C. 麦德龙　　　D. 沃尔玛

综合性简答题

1. 对顾客投诉意见的处理原则有哪些?
2. 制约我国未来超市发展的现实障碍有哪些?
3. 如何控制与卖场合作的资金风险?
4. 如何预防大卖场窜货现象发生?
5. 销售人员在卖场做促销时,会根据顾客的类型来选择相应的应对技巧。请问促销员常见的顾客类型有哪几种?
6. 品类管理包括哪几个相互作用的要素?
7. 如何制定事故预防系统?
8. 小供应商如何在大卖场生存?
9. POP 广告的作用有哪些?
10. 如何解决商品缺货问题?
11. 样板供应商的作用有哪些?
12. 简述大卖场倒闭的原因。

参 考 答 案

任务一　从销售经理处领取任务

不定项选择题

1. D　　　2. B　　　3. ABCD　　　4. ABCD　　　5. A
6. B　　　7. BC　　　8. ABCD　　　9. D　　　10. ABCD

任务二　与卖场采购主管、营运主管的沟通

不定项选择题

1. C　　　2. ABCD　　　3. A　　　4. ABC　　　5. ABCD

6. ABCD　　7. B　　8. ACD　　9. AD　　10. D

判断题

1. √　　2. √　　3. √　　4. ×　　5. ×

任务三　配合卖场制订促销方案

不定项选择题

1. A　　2. AB　　3. ABCD　　4. CD　　5. ABCD

判断题

1. ×　　2. √　　3. ×　　4. √　　5. ×

任务四　卖场促销督促与人员管理

不定项选择题

1. ABD　　2. ABCD　　3. AC　　4. ABC　　5. AD

任务五　店面销售额情况分析与汇总

不定项选择题

1. C　　2. D　　3. ABCD　　4. CD　　5. B

判断题

1. ×　　2. √　　3. √　　4. √　　5. ×

任务六　对竞争对手、同类产品的调查

不定项选择题

1. B　　2. ABCD　　3. C　　4. BCD　　5. B

判断题

1. √　　2. ×　　3. √　　4. √　　5. ×

任务七　业务谈判与合同签订

不定项选择题

1. ABCD　　2. AB　　3. ACD　　4. AB　　5. ABC

任务八　开拓市场与增加店面

不定项选择题

1. ABCD　　2. AD　　3. B　　4. AD　　5. D

综合性简答题

1. 对顾客投诉意见的处理原则有哪些?
(1) 不能与顾客争执
(2) 尊重顾客的感觉
(3) 处理时间越早,行动越迅速,效果越好
(4) 准确把握顾客的真正意图

2. 制约我国未来超市发展的现实障碍有哪些?
(1) 政府行政手段的干预
(2) 供应链技术的不成熟
(3) 一次性投入费用过高
(4) 对于行业认知的差异

3. 如何控制与卖场合作的资金风险?
(1) 卖场筛选及资信考察
(2) 调整谈判方向争账期
(3) 强化财务管理体系
(4) 销售人员的管理及工作考核
(5) 为卖场设定放款额度
(6) 特殊商品争取特殊账期
(7) 派合适的人追讨货款

4. 如何预防大卖场窜货现象发生?
(1) 实行严格的价格管理体系
(2) 检讨考核指标和激励措施
(3) 建立独立的积压库存处理渠道
(4) 掌控商品的流动方向

5. 销售人员在卖场做促销时,会根据顾客的类型不同来选择相应的应对技巧,促销员常见的顾客类型有哪几种?
(1) 还没有决定的顾客
(2) 还没考虑购买的顾客
(3) 自称买不起的顾客
(4) 没有主见的顾客
(5) 坚定要买的顾客

6. 品类管理包括哪几个相互作用的要素？
(1) 品类策略
(2) 业务流程
(3) 品类指标
(4) 信息技术
(5) 伙伴关系
(6) 组织效能

7. 如何制定事故预防系统？
(1) 发动动员
(2) 搜寻案例
(3) 编写事故解决方案
(4) 基本程序
(5) 管理与运用

8. 小供应商如何在大卖场生存？
(1) 打造产品特色
(2) 提升服务态度
(3) 称为行业专家
(4) 适当联盟
(5) 借力发展
(6) 争做最好

9. POP广告的作用有哪些？
(1) 吸引顾客进店
(2) 吸引顾客驻足
(3) 促使最终购买
(4) 塑造企业形象
(5) 节假日促销
(6) 取代推销员

10. 如何解决商品缺货问题？
(1) 供销双方要确立利益共同体的价值观
(2) 搭建咨询共享的平台
(3) 强化采购能力
(4) 导入高效能的管理工具
(5) 选择合适的配送模式
(6) 搭建相应的物流平台

11. 样板供应商的作用有哪些？
(1) 稳定供应商情绪
(2) 帮助卖场探查供应商的接受程度底线
(3) 促使供应商接受卖场的种种条件
(4) 帮助了解供应商内部的信息与动态

12. 简述大卖场倒闭的原因。
(1) 零售业竞争激烈
(2) 工商矛盾日益恶化,导致零售企业供应链更加脆弱
(3) 过度扩张和效益间矛盾
(4) 经营不善
(5) 签约到期或与业主发生物业纠纷

店面渠道管理常用表单范本

附表1　客户资料卡

客户名称						地址		
电话			邮编			传真		
性质	A. 个体　B. 集体　C. 合伙　D. 国营　E. 股份公司　F. 其他							
类别	A. 代理商　B. 一级批发商　C. 二级批发商　D. 重要零售商　E. 其他							
等级	A级　B级　C级							
人员	姓名	性别	出生年月	民族	职务	婚否	电话	住址	素质
负责人									
影响人									
采购人									
售货人									
工商登记号		税号（国税）						
往来银行账号								
资本额			流动资金			开业日期		
营业面积			仓库面积			雇员人数		
店面	□自有　□租用		车辆					
运输方式	□铁路　□水运　□汽运　□自提　□其他							
付款方式				经营额				
经营品种及比重								
辐射范围								
开发日期及开发人								

填表人：　　　　　　　　　　　　　　　　　　　填表时间：

附表 2　销售计划表

客户：××超市

单位：万元

月份		1	2	3	4	5	6	7	8	9	10	11	12
可乐 600 mL	销售额												
	毛利润												
可乐 2 L	销售额												
	毛利润												
健怡可乐	销售额												
	毛利润												

附表 3　出货单

超市名称			电话	
地址			负责人	
品名	供应商	型号	单价	数量/箱
			合计	
经办人			客户签章	
厂方推销员签字			厂方销售经理签字	

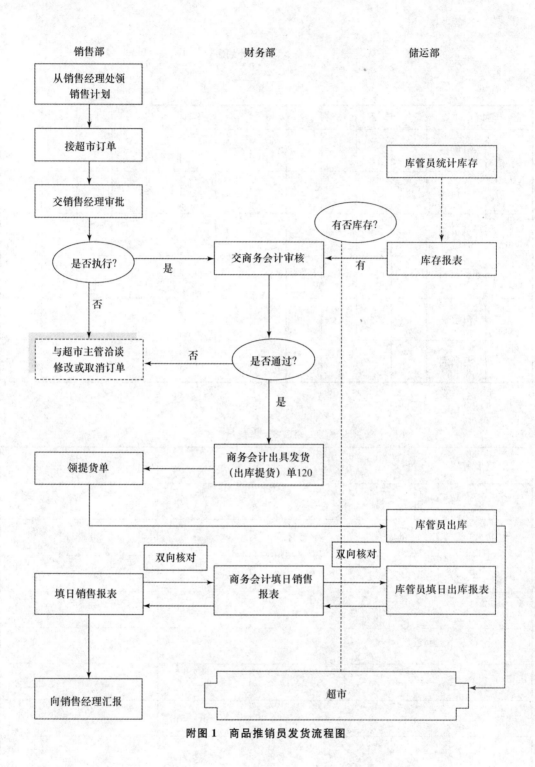

附图1　商品推销员发货流程图

附表4　日销售报表

超市名称				商品种类			
商品名称	规格	单价	指标	计划	实际	差异	

填表人：

注：根据所填制的所有凭证和报表向销售经理做口头汇报。

附表5　商品购入入库单

日期	入库单编号	商品号	商品名称	购入单价/元	购入数量/件	备注
	A1					
	A2					
	A3					
	A4					
	A5					
	A6					
	A7					
	A8					

附表6　商品销售出库单

日期	出库单编号	商品号	商品名称	销售单价/元	售出数量/件	备注
	C1					
	C2					
	C3					
	C4					
	C5					
	C6					
	C7					
	C8					

附表 7　商品销售台账账页

商品代码		购入单价	
商品名称		销售单价	
日期			
累计购入数量(本月)		累计销售数量(本月)	
库存数量			

附表 8　商品购入流水账账页

商品代码	商品名称	购入单价	日期	入库单编号	购入数量	备注

附表 9　商品销售流水账账页

商品代码	商品名称	销售单价	日期	出库单编号	销售数量	备注

附表10　××××年××月商品进销存月报表

商品号	商品名称	购入单价	本期累计购入数量	本期累计购入金额	销售单价	本期累计销售数量	本期累计销售金额	本期盈利额	库存结余量	库存资金额	备注
(1)	(2)	(3)	(4)	(5)	(6)	(7)	(8)	(9)	(10)	(11)	(12)
其中,(5)=(3)×(4)；(8)=(6)×(7)；(9)=(8)-(5)；(11)=(3)×(10)												

附表11　××月商品销售额情况表

店名：北京××××学院小卖部

商品名称	规格	单价/元	数量	销售额/元	计划/元	实际/元	差异/元
瓶装可口可乐	1.25 L				5 000		
瓶装可口可乐	600 mL				3 000		
合计							

附表 12　销货汇总表

日期：　　年　　月

商品号	品名	数量	单价/元	金额/元
1	瓶装可口可乐 1.25 L			
2	瓶装可口可乐 600 mL			
合计				

制表人：

附表 13　商品存货记录表

日期：　　年　　月　　日

日期	品名	数量	单价/元	摘要
瓶装可口可乐	1.25 L			
瓶装可口可乐	600 mL			
备注				

附表14　店面环境设计调查表

日期：　　年　　月　　日

调查项目	反馈意见			改进措施
	优	一般	较差	
招牌显眼程度如何				
出入口大小如何				
橱窗及店门玻璃清洁程度如何				
橱窗内装饰如何				
从出入口及窗户能否看清店内情形				
店内照明情况如何				
店内色彩协调与否				
店内卫生情况如何				
店内氛围如何				

注：以校内小卖部作为模拟超市来评分。

附表15 销售日报表

区域(办事处)：　　　　　　　　　　　　　　　业务员：

访问顺序	访问对象	访问目的							本月目标：					
									本月累计达成率：					
									金额					
		招呼	说明	订货	修理	抱怨处理	安装	收款	销售额		毛利率	折扣额	应收款	实收款	访问费用
									新开户	原有户					
合计															

客户信息(生产状况、销售状况、信用、经营者、从业人员等)：

产品信息(新产品、技术革新、价格、成本、品质、特征等)：

竞争者信息(经营者、销售政策、新产品、价格、广告、促销等)：

客户抱怨信息(原因、现象、证据、产品、客户的情绪、处理等)：

续表

时间使用栏															
时间(点)	6	7	8	9	10	11	12	13	14	15	16	17	18	19	20	合计
访问准备																
交通																
等待																
洽谈																
安装作业																
修理																
收款																
联络																
销售事务																
休息吃饭																

附表16 每月拜访计划表

区域(办事处):　　　　　填表人:　　　　　职位:　　　　　负责区域:

星期一	星期二	星期三	星期四	星期五	星期六	星期日

填表时间:＿＿＿＿＿

附表17 每月工作报告和下月工作计划

区域(办事处)：　　　　　填表人：　　　　　职位：　　　　　负责区域：

品种	规格	本月			上月		下月	
		实际销售	指标	对比(±%)	实际销售	对比(±%)	销售	对比(±%)
合　计								

填表时间：_____

附表 18 三个月滚动销售预测

区域(办事处)：　　　　填表人：　　　　职位：　　　　负责区域：

品种	规格	上月预测	上月实绩	偏差(%)	月	月	月
合　计							

填表时间：_____

附表 19　年度销售计划表

区域(办事处)：　　　　填表人：　　　　职位：　　　　负责区域：

计划 月份	上一年度计划			本一年度计划			促销策略 （另页附上）
	目标	实际	达成率	目标	实际	达成率	
1							
2							
3							
4							
5							
6							
7							
8							
9							
10							
11							
12							
年度合计							

附表 20 市场巡视工作报告

调研人：　　　　　　巡视起止时间：　　　　　　巡视地区：

商店名称	类别	店面面积	本类产品陈列面积	商品陈列与库存		广告促销		销售情况		其他	
				本公司	竞争者	本公司	竞争者	本公司	竞争者	本公司	竞争者

填表时间：_____

附表 21 销售行动指导表

区域(办事处)：　　　　　　　　　　　　　　　　　使用人：

	审核项目	回答
拜访之前的准备	使用电话作拜访预约要领是否正确？	
	是否忽视销售道具的准备工作？	
	对于前往拜访的公司及业界的知识，对于情报是否有了充分的认识与准备？	
	对于本公司及公司的产品是否具备充分的认识？	
	出发前是否做好整装待发的准备？	
	是否提前出发以免迟到？	
拜访洽谈方面	与顾客碰面时是否以爽朗的态度、元气饱满地和对方打招呼？	
	与对方交换名片的技巧是否正确？	
	是否能够适应和对方侃侃而谈地介绍自己或公司？	
	是否能够适应顾客的类型，适时谈些缓和场面的话题？	
	是否能够抓住适当时机谈到商品？	
	是否能够有效地运用产品目录或样本进行生动的解说？	
	应酬的语法是否运用自如？	
	导入生意的时机是否处理得当？	
	是否采用有效的谈生意要领？	
洽谈之后	是否彻底地联络及追踪各有关部门，达成如期交货？	
	是否采取必要的各项措施使应收款完全回收？	
	是否留意顾客有延迟付款的意向？此时是否采取了适当的应变措施？	
	是否采取必要的售后服务，借此提高顾客满意的程度？	
	对于顾客的抱怨，是否迅速正确地加以处理？	
日常作业方面	是否在充分了解公司的经营方针及部门的营业方针之后而有所为？	
	是否谨慎地做好年、月、周、日的作业计划，而后按部就班地行动？	
	是否做到有效地运用时间？	
	是否每天翔实地填写作业日报表？	
	是否积极地搜集信息加以整理，并且按实际需要把情报传送给有关单位？	
	是否经常积极地自我启发？	

盘 点 通 知

尊敬的顾客：

　　您好。

　　本商场（超市）因为业务需要，定于　　年　　月　　日　　点至　　年　　月　　日　　点，进行大盘点。盘点期间不对外营业，因此而造成您购物上的不便，敬请原谅。

　　欢迎您盘点后继续支持和惠顾本商场（超市）。

　　顺祝您购物愉快。

北京　　商场（超市）

年　　月　　日

附图2　商品盘点通知单

附表 22　盘点责任区分配表

日期：　　年　　月　　日

姓名	类别	区域编号	盘点单号			盘点金额
			起	止	张数	
				合计		

注：1. 商品为教室内书籍；
　　2. 区域编号课桌列号按英文字母顺序，行号按阿拉伯数字顺序。

附表 23　商品日盘点表

日期：　　年　　月　　日

货架				货架编号					
品号	品名	规格	数量	零售价/元	金额/元	复点	抽点	差异	
			合计						

注：由组长负责复点和抽点。

附表24 商品月盘点表

日期： 年 月 日

名称	规格	数量	上月仓库数	当月进货数	当月领出数	退换补数	月底盘点数	差异

备注：

审核： 填表：

附表 25　盘点执行报告

日期：　年　月　日

执行情况：

问题点：

改善对策：

初盘单位主管		初盘单位主管		抽盘单位主管	

附表 26　盘点总结报告

日期：　　年　　月　　日

项目	盘点情况	存在问题	改善建议
备注：			

附表27 促销活动申请表（一）

编号：1

活动主题	秋风起霜寒,佳华送温暖	促销时间	
促销产品		预估促销期内销量	
参与店家		分店形态	
促销让利幅度			
辅助需求 DM、POP 陈列架（名称、数量）			
费用预估	产品搭赠折扣×金额＝	元	合计： 元
	促销人员费用 元×人× 日＝	元	
	陈列位置费用（堆箱、端架、货架）	元	
	其他费用（条码、DM、店庆）	元	

促销方案说明：

目的：

预计陈列位置（商场图示）：

效果评估消费群沟通数、价格影响、竞争对手的产品、形象和产品竞争力：

附表28 促销活动申请表（二）

编号：2

活动主题	举国欢腾庆国庆,八彩重礼大酬宾	促销时间	
促销产品		预估促销期内销量	
参与店家		分店形态	
促销让利幅度			
辅助需求 DM、POP 陈列架（名称、数量）			
费用预估	产品搭赠折扣×金额＝	元	合计： 元
	促销人员费用　元×人×　日＝	元	
	陈列位置费用（堆箱、端架、货架）	元	
	其他费用（条码、DM、店庆）	元	

促销方案说明：

目的：

预计陈列位置（商场图示）：

效果评估消费群沟通数、价格影响、竞争对手的产品、形象和产品竞争力：

附表29　促销活动计划表

活动主题	月销售额/元		本月销售目标	配销方式	目前销售方式	促销方式	方法说明	督导人员
	预计	实际						
(1)								
(2)								

附表 30　促销员工作日报表

促销员姓名：_____

促销主题：		执行日期	
执行地点			
产品销售量/箱、包 产品 1 产品 2 产品 3			
产品销售额/元 产品 1 产品 2 产品 3			
现场说明 赠品(奖品)分发数量			
消费者反映			
竞争对手促销状况说明			

经销商签字：_____　　　　　　　　　　　　促销负责人签字：_____

附表 31　促销员工作周报表

促销案名称：		执行日期	
执行地点			
计划完成目标			
实际完成任务			
竞争者分析			
突发状况处理			

经销商签字：＿＿＿＿＿＿＿＿　　　　　　　　　　　　促销负责人签字：＿＿＿＿＿＿＿＿

附表32 促销活动反馈表(一)

日期：　年　月　日　　　　　　　　　　　　　　　　　　　　　编号：1

促销主题：秋风起霜寒,佳华送温暖					
活动日期		活动效果			
		显著	良好	一般	没影响
各类商品推广情况：					
赠品发放数：					
对售卖的影响：					
顾客的反应：					
批发客户的反应：					
竞争对手的反应：					
促销中存在的问题：					
建议：					
其他：					

填表人：

附表33 促销活动反馈表(二)

日期：　　年　月　日　　　　　　　　　　　　　　　　　　　　　　　　编号：2

促销主题：举国欢腾庆国庆，八彩重礼大酬宾					
活动日期		活动效果			
		显著	良好	一般	没影响

各类商品推广情况：

赠品发放数：

对售卖的影响：

顾客的反应：

批发客户的反应：

竞争对手的反应：

促销中存在的问题：

建议：

其他：

　　　　　　　　　　　　　　　　　　　　　　　　　　　　　　　　　　　填表人：

附表34 促销活动成果表（一）

日期：　年　月　日　　　　　　　　　　　　　　　　　　　　　　　　编号：1

促销商							
促销主题		编号		主办人		促销时间	
促销品项		预估销量		预算费用		预算费用比例	
店面形态		实际销量		预算费用		预算费用比例	
申办部门		原零售价		现零售价		达成比例	

费用/产品领用明细：

差异说明及检讨：

活动改动建议：

品牌人建议：

经理		卖场主管		推销员	

附表35 促销活动成果表(二)

日期：　年　月　日　　　　　　　　　　　　　　　　　　　　　　　　编号：2

促销商							
促销 主题		编号		主办人		促销 时间	
促销 品项		预估 销量		预算 费用		预算费 用比例	
店面 形态		实际 销量		预算 费用		预算费 用比例	
申办 部门		原零 售价		现零 售价		达成 比例	
费用/产品领用明细：							
差异说明及检讨：							
活动改动建议：							
品牌人建议：							
经理		卖场主管			推销员		

附表36　促销员考核表

促销案名称：＿＿＿＿　　执行日期：＿＿＿＿　　考核者：＿＿＿＿

活动地点	促销员姓名	考核项目									违反重要规定	评分	现场状况说明
		标准性					工作态度						
		工作积极性	音量	说服亲和力	专业知识	促销案执行度	配合度	动作	现场环境维护	聊天并吃东西	态度不佳			

注：工作积极性包括货架陈列、主动上前、手持物品、促销建议；说服亲和力包括微笑、礼貌、详细解说、热情度、说服别人买的欲望；专业知识包括产品知识、讲解熟练；配合度包括及时补货、保密原则、场地维护、学习；违反重要规定包括逃班，迟到早退（15分钟内），未执行工作，用餐超时，未按规定着装，报表不确切、属实，货物占为己有。

附表37　××月销售额完成情况汇总表

1	2	3	4＝2－3	5＝4/1
总销售目标	总销售额	总退货金额	月实际销售	达成率
达成率形成原因				

附表38　××月各个品类销售额完成情况表

产品	1	2	3	4＝2－3	5＝4/1	6
	月销售目标	销售额	退货金额	月实际销售	达成率	原因
A产品						
B产品						
C产品						
D产品						
改进建议：						

附表 39　××月各个门店销售额完成情况表

产品	1	2	3	4＝2－3	5＝4/1	6
	月销售目标	销售额	退货金额	月实际销售	达成率	原因
A店						
B店						
C店						
D店						
改进建议：						

附表 40　××月 A 店各个品类销售额完成情况表

店面名称：A 店

产品	1	2	3	4＝2－3	5＝4/1	6
	月销售目标	销售额	退货金额	月实际销售	达成率	原因
A产品						
B产品						
C产品						
D产品						
改进建议：						

附表 41　对饮料消费者的调查问卷

1. 请问你最喜欢喝什么种类的饮料？（可复选，最多两项）							
性别	碳酸饮料	果汁类	运动饮料	茶类	奶类	咖啡类	白开水
男							
女							

2. 请问你最常喝什么种类的饮料？（可复选，最多两项）							
性别	碳酸饮料	果汁类	运动饮料	茶类	奶类	咖啡类	白开水
男							
女							

3. 请问你大约多久喝一次碳酸饮料？（勾选"从不喝"者请跳至第 9 题）							
性别	每天喝	一周 2 或 3 次	一周 1 次	半月 1 次	1 月 1 次	1 月以上	从不喝
男							
女							

4. 请问你喜欢喝碳酸饮料吗？				
性别	非常喜欢	喜欢	不喜欢	非常不喜欢
男				
女				

5. 请问你的爸爸对你喝碳酸饮料的态度如何？			
性别	从不干预	希望少喝	不准喝
男			
女			

续表

6. 请问你的妈妈对你喝碳酸饮料的态度如何?

性别	从不干预	希望少喝	不准喝					
男								
女								

7. 请问碳酸饮料中,你最喜欢喝哪一种?

性别	可口可乐	雪碧	芬达	沙士	奥雷特	苹果西打	维大力
男							
女							

8. 请问你喝的碳酸饮料大部分是谁买的?(可复选,最多两项)

性别	自己	爸爸	妈妈	亲戚	朋友	其他	
男							
女							

9. 请问你为什么从不喝碳酸饮料?

性别	不喜欢喝	父母不准	不敢喝	有害健康			
男							
女							

附表 42　客户状况调查表

日期：	编号：	
客户名称：	地址：	
联系人：	联系电话：	
是否具备销售条件：	店面类型：	店面面积：
销售量：	品牌及型号：	
规格：	到货要求：	
客户提出的需求：		
是否有竞争对手：	竞争对手的品牌和型号：	
竞争对手个数：		
常用促销方式：	折扣：	
每月预计销售量：		
备注：		

注：业务员应尽量多了解客户的特殊、具体情况及需求，在"备注"栏中注明；此记录表单一式两联，一份交由业务员，另一份商务部备案。

附表43 新员工入职培训一览表

员工姓名		工作部门		职务	
第一天培训内容					
执行部门	培训项目	具体内容		培训目的	执行情况(Y/N)
人力资源部门	准备工作				
	企业介绍				
第一天培训内容					
执行部门	培训项目	具体内容		培训目的	执行情况(Y/N)
新员工所在部门	准备工作				
	企业介绍				
第二天培训内容					
执行部门	培训项目	具体内容		培训目的	执行情况(Y/N)
人力资源部门	准备工作				
	企业介绍				

续表

第二天培训内容				
执行部门	培训项目	具体内容	培训目的	执行情况（Y/N）
新员工所在部门	准备工作			
	企业介绍			
新入职员工		签字日期		
人事负责人		签字日期		
部门主管		签字日期		

注：在新员工到任一段时间后，部门主管将询问该员工上列问题，在所有问题被讨论之后，新员工和部门主管均应在本表格上签字，并交人力资源部门留存。

代销协议书

甲方：_____
乙方：_____

双方经反复协商一致，就下列事宜达成协议。

一、(写清情况)_____
_____。

甲乙双方自愿签订本协议书，甲方为乙方在卖场销售其_____类产品。

二、(写清情况)_____
_____。

甲方所需要的产品认证手续均由乙方提供，其需用的公章及费用也需有乙方提供。

三、甲方按照乙方的出厂价格提取产品，进行销售，其增值税发票由乙方提供。

四、乙方提供的产品应当保质保量，如产品质量出现问题，退货及产生的运费由乙方负责承担。

五、如果甲方或乙方违约，则要支付××××违约金。_____。

六、以上事实清楚，甲乙双方无异议。

七、(以后操作的想法)_____
_____。

八、支付方式：_____
_____。

九、违约责任：_____
_____。

十、违约金或赔偿金的数额或计算方法：_____
_____。

十一、合同争议的解决方式：本合同在履行过程中发生的争议，由双方当事人协商解决；也可由当地工商行政管理部门进行调解；协商或调解不成的，按下列第_____种方式解决。

（一）提交_____仲裁委员会仲裁。
（二）依法向人民法院起诉。

十二、双方商定的其他事宜：_____
_____。

甲方：(签章)	乙方：(签章)
地址：	地址：
邮政编码：	邮政编码：
代表人：(签字)	代表人：(签字)
开户银行：	开户银行：
银行账号：	银行账号：

合同签订地点：_____
合同签订时间：_____年_____月_____日

附图 3　代销协议书

附表44 销售代表面试评估表

申请人姓名：_____　　时间：_____　　地点：_____

优秀：属于销售代表中最好的10%，可与最好的销售代表相比 优良：优于一般的销售代表 良好：相当于通常的销售代表，属雇佣的最低标准 一般：不如通常雇佣的销售代表 较差：远不如我们雇佣的销售代表	
1. 道德和价值观 作风正派，诚实正直，有良好的工作态度和主人翁精神	优秀_____ 优良_____ 良好_____ 一般_____ 较差_____
2. 人际沟通能力 能准确理解并考虑别人观点，能说服别人接受某个观点和行动，有能力准确、及时填写客户存货记录、访问报告、竞争	优秀_____ 优良_____ 良好_____ 一般_____ 较差_____
3. 对户外体力劳动的适应能力 刻苦耐劳，有坚强的毅力，适应户外的工作环境，愿意长期在该类环境下工作	优秀_____ 优良_____ 良好_____ 一般_____ 较差_____
4. 有效与他人合作的能力 有能力和不同背景、不同观点的人和谐相处，与客户或同事建立和保持良好工作关系。并能吸取他人意见，尊重、照顾、体谅别人	优秀_____ 优良_____ 良好_____ 一般_____ 较差_____
5. 主动性、善始善终和主次设定的能力 能自觉工作，即使很少被监督工作也一样出色。在工作各方面反映出更多的积极主动而不是被动做出反应。对要完成的工作有明确的认识，并知道如何安排工作的先后顺序	优秀_____ 优良_____ 良好_____ 一般_____ 较差_____

续表

6. 思考和解决问题的能力 具有观察和分析能力，对问题进行逻辑分析和找出解决方法或提出有效建议	优秀_____ 优良_____ 良好_____ 一般_____ 较差_____

方面	评分标准					总分
	优秀 (5分)	优良 (4分)	良好 (3分)	一般 (2分)	较差 (1分)	
1. 道德和价值观						
2. 人际沟通能力						
3. 对户外体力劳动的适应能力						
4. 有效与他人合作的能力						
5. 主动性、善始善终和主次设定的能力						
6. 思考和解决问题的能力						

面试通过的最低标准是对以下4个问题的回答都是"是"。

1. 面试总分达到16分或以上	是	否
2. 道德和价值观、人际沟通能力、对户外体力劳动的适应能力的单项评分是3分或3分以上	是	否
3. 没有较差的评分	是	否
4. 不多于两个一般的评分	是	否

通过面试：   不通过面试：

面试者签名：

参考文献

[1] 牛海鹏. 销售通路管理[M]. 北京：企业管理出版社, 1999.
[2] 李航. 有效管理者——营销企划[M]. 北京：中国对外经济贸易出版社, 1998.
[3] 徐爱荣. 我国退休制度改革的思路与建议[J]. 统计与决策, 2006, (11).
[4] 孙富林. 加强渠道建设提升业务发展能力[D]. 北京：北京邮电大学出版社, 2008.
[5] 梁凯. WZ移动公司社会渠道营销管理策略研究[D]. 北京：北京邮电大学出版社, 2010.
[6] 沈苏霞. 移动营销渠道的建设[J]. 天津市经理学院学报, 2008, (04).
[7] 唐永博. 湖南联通营销渠道发展策略研究[J]. 企业家天地. 2009, (05).
[8] 吴健安, 郭国庆. 市场营销学[M]. 2版. 北京：高等教育出版社, 2004.
[9] 菲利普·科特勒. 营销管理.[M]. 王永贵译. 北京：中国人民大学出版社, 2012.
[10] 乔尔·埃文斯, 巴里·伯曼. 市场营销教程[M]. 北京：华夏出版社, 2001.
[11] 菲利普·R.卡特奥拉等. 国际市场营销学[M]. 周祖城等译. 北京：机械工业出版社, 2000.
[12] 郝渊晓, 张鸿, 王兴邦. 市场营销管理[M]. 西安：陕西人民出版社, 2004.
[13] 约翰·A.昆奇等. 市场营销管理[M]. 吕一林等译. 北京：北京大学出版社, 2000.
[14] 吴世经. 市场营销学[M]. 成都：西南财经大学出版社, 2000.
[15] 卜妙金. 分销渠道管理[M]. 北京：高等教育出版社, 2001.
[16] 李强等. 超级市场营销学[M]. 大连：东北财经大学出版社, 2001.
[17] 迈克尔·利维等. 零售管理[M]. 北京：人民邮电出版社. 2004.
[18] 罗斯玛丽·菲普斯. 营销客户管理[M]. 张毓敏等译. 北京：经济管理出版社, 2005.

后 记

本书把实际店面渠道管理活动简化成一系列表单操作的原创性思想,来自北京信息职业技术学院梁颖云老师。梁老师具有多年营销工作实践经验,附录中的表单由梁老师设计完成。本书以这些表单为核心,由编者精心设计出相应的理论准备材料及试题,使本书最终成为一个操作性很强的教学用书。表面上看,学生只需填写相应表格即可完成学习任务,而实际上需要学生在足够多的理论准备基础上,发挥主观能动性,通过完成所有涉及的实际活动来完成表单。在完成过程中,学生必须根据表单设想实际情境,然后根据实际情境设想所有活动,这一过程还需要学生之间互相配合才能完成。而且情境的初始条件还可以由学生自己设定,这就给了学生最大的学习自由,同时各小组的成果必然因不同的情境设置而有所不同,可以充分发挥学生的创造性。

在实际教学过程中,编者发现,只要教学组织得当,学生几乎会自发地创造各种方法完成学习活动,并且在活动中表现出浓厚的兴趣。作为一种任务驱动教学方法的有益尝试,编者希望广大职业院校的相关营销教师能利用本书完成店面渠道管理的日常教学工作,并能在实际教学过程中进一步发展完善这种教学方法。

在本书的编写过程中,我们得到了北京大学出版社相关编辑的大力支持和帮助,在此表示衷心的感谢。

编 者